# le temps des algorithmes

serge abiteboul
et gilles dowek

[ESSAI LE POMMIER ! ]

*Remerciements*

Merci à Bertrand Braunschweig, Laurent Fribourg, Sophie Gamerman, Florence Hachez-Leroy, Marie Jung, Xavier de La Porte, Michel Puech et Michel Volle, pour leurs remarques très pertinentes sur une première version de ce texte.

Merci aussi à Jean-Pierre Archambault, Gérard Berry, Maurice Nivat, et à de nombreux autres, pour des discussions souvent passionnées sur les sujets abordés dans ce livre.

# *Sommaire*

# *Les algorithmes fascinent, les algorithmes inquiètent*

Les algorithmes sont devenus des ingrédients essentiels de nos vies professionnelles, de nos interactions sociales, de notre médecine, de notre industrie, de nos transports, de notre commerce, etc. Ils transforment les sciences exactes et les sciences humaines et contribuent ainsi à enrichir nos connaissances. Ils permettent à la technique de repousser sans cesse les limites du possible.

Certains algorithmes, tels le système d'exploitation d'un téléphone, un système de gestion de bases de données ou un moteur de recherche, sont des objets gigantesques, auxquels des milliers de personnes contribuent. Ils sont parfois comparés à des cathédrales, tant ils tiennent de la même ambition, de la même déraison.

Avec les algorithmes, *Homo sapiens* semble avoir enfin construit un outil à la mesure de ses aspirations.

Mais ces algorithmes inquiètent également. Le métier de facteur disparaît : ce sont les algorithmes qui détruisent des emplois. Une compagnie d'assurances indemnise la victime d'un accident : c'est un algorithme cynique qui calcule le montant de cette indemnité. La Bourse plonge : ce sont les algorithmes de *trading* qui sont responsables de ce krach. Les lois restreignent les libertés publiques : c'est l'algorithme du gouvernement qui nous espionne. Des algorithmes battent les humains aux échecs ou au go : ce sont ces algorithmes intelligents qui bientôt nous gouverneront.

Pourquoi rendons-nous les algorithmes responsables des maux qui nous affligent ? Parce qu'ils bousculent nos habitudes ? Sans doute. Mais aussi parce que nous acceptons souvent de les utiliser, en ignorant ce qu'ils sont réellement et comment ils fonctionnent. Nos fantasmes et nos angoisses sont les conséquences de cette ignorance. Nous craignons les algorithmes parce que nous les voyons comme des êtres mystérieux, dotés de pouvoirs surnaturels, voire d'intentions maléfiques.

Pour nous libérer de cette pensée magique, pour séparer les espoirs légitimes des fantasmes puérils, les craintes justifiées des angoisses sans fondement, nous invitons la lectrice et le lecteur à une traversée de ce monde des algorithmes au cours de laquelle nous croiserons quelques-unes des grandes questions qui se posent à nous au temps des algorithmes : la transformation du travail, la disparition de la propriété, la protection de la vie privée, etc.

Les algorithmes peuvent conduire au pire ou au meilleur, mais nous ne devons jamais oublier qu'ils n'ont, en eux-mêmes, aucune intention. Ils ont été conçus par des êtres humains. Ils sont ce que nous avons voulu qu'ils soient.

– Bonjour Robot, explique-moi ce qu’est un algorithme.
– D’accord, mais je vais aussi devoir te parler du lien entre les algorithmes, les ordinateurs et les programmes.
– Je sais. Quand nous avons trouvé un algorithme, nous l’écrivons sous forme de programme et nous n’avons plus qu’à demander à un ordinateur de travailler pour nous.
– Tout à fait.
– Et avec les algorithmes, tout est possible ?
– Non. Mais c’est peut-être ce qui les rend encore plus fascinants.

# *Qu'est-ce qu'un algorithme ?*

Pour comprendre ce qu'est un algorithme, commençons par nous projeter quelques millénaires dans le passé et imaginer l'un de nos lointains ancêtres qui a vu sa regrettée grand-mère faire du pain et s'y essaye à son tour. Mais il ne sait pas vraiment comment s'y prendre. Il hésite, commence par faire cuire des grains de blé dans de l'eau bouillante, puis se dit que c'était peut-être une mauvaise idée. Il fait ce que nous faisons tous face à un problème que nous ne savons pas résoudre : nous imaginons des solutions, nous les essayons, nous tâtonnons, en comptant un peu sur la sérendipité, jusqu'à réussir... ou non.

Cependant, les véritables boulangers ne procèdent pas ainsi. Ils ne réinventent pas la recette du pain à chaque fournée, car ils l'ont apprise et ils s'en souviennent. Et c'est grâce à cette recette qu'ils peuvent nous donner notre pain quotidien. La civilisation progresse, en effet, parce que des personnes inventent, mais aussi parce que d'autres reproduisent ces inventions, et parfois les améliorent.

Nous avons oublié à quel point la recette du pain est précieuse. Tout d'abord elle contribue à réduire l'incertitude : grâce à elle, le boulanger sait que, à moins d'une catastrophe, le pain sera prêt pour le dîner. Cette recette, ensuite, ne demande aucune imagination, ni aucun talent. Les auteurs de ce livre, par exemple, sans avoir aucun talent pour la boulangerie, peuvent trouver la recette du *chapati* sur le Web et en préparer de fort convenables, sur les traces de boulangers plus imaginatifs et plus talentueux qu'eux. Cette recette, enfin, fait partie de notre patrimoine : elle a été transmise de génération en génération, pendant des millénaires.

Cette recette est un algorithme et elle nous fournit une première définition de ce concept : un algorithme est un procédé qui permet de résoudre un problème, sans avoir besoin d'inventer une solution à chaque fois.

Avec cette définition, il est clair que, depuis l'aube de l'humanité, nous inventons, utilisons et transmettons des algorithmes : cuisine, taille du silex, pêche à la ligne, culture des lentilles et du blé, etc.

## *Des procédés et des symboles*

Certains algorithmes, contrairement à la recette du pain, permettent de résoudre des problèmes qui portent sur des symboles écrits, tels des chiffres, des lettres, etc., qui s'assemblent pour former des nombres, des mots, des phrases et des textes, aux significations diverses.

Par exemple, un algorithme, parmi d'autres, pour chercher un mot dans un dictionnaire, consiste à l'ouvrir au milieu, à comparer le mot recherché au mot médian, à sélectionner la première ou la seconde moitié du dictionnaire selon que le mot recherché est avant ou après ce mot médian, à l'ouvrir au milieu, etc. jusqu'à trouver le mot recherché. Cet algorithme permet de résoudre un problème qui porte sur des symboles écrits : des lettres. D'autres exemples sont les algorithmes qui permettent d'effectuer des additions, des multiplications, etc. Ils permettent de résoudre des problèmes qui portent sur d'autres symboles écrits : des chiffres. De tels algorithmes sont appelés « symboliques ».

Les informaticiens limitent souvent la signification du mot « algorithme » à ces algorithmes symboliques. En tenant compte de cette limitation, nous ne pouvons naturellement pas faire remonter l'histoire des algorithmes au-delà de l'invention de l'écriture. En revanche, nous savons que la notion d'algorithme est aussi ancienne que l'écriture elle-même, car les plus anciennes traces écrites que nous ayons retrouvées montrent que les premiers scribes utilisaient déjà des algorithmes, tels ceux de l'addition et de la multiplication, pour tenir des livres de comptes. L'écriture a même sans doute été inventée pour cela.

## *Algorithmes et mathématiques*

Les mathématiciens se sont très tôt préoccupés de concevoir des algorithmes. Par exemple, un algorithme attribué à Euclide (vers 300 avant notre ère) permet de calculer le plus grand diviseur commun de deux nombres entiers. Nous allons lui consacrer quelques lignes. Les lectrices et lecteurs fâchés avec les mathématiques peuvent les sauter ou les lire comme ils liraient un poème quelque peu ésotérique.

Un algorithme reçoit en général des données en entrée, qui constituent la matière à pétrir. Dans le cas de l'algorithme d'Euclide, ces données sont deux nombres entiers non nuls, $a$ et $b$, tels que $a$ soit supérieur à $b$, par exemple 471 et 90. Un algorithme renvoie, en général, d'autres données en sortie. Dans le cas de l'algorithme d'Euclide, il s'agit d'un nombre entier, qui est le plus grand diviseur commun des nombres $a$ et $b$.

L'application de l'algorithme d'Euclide aux nombres 471 et 90, par exemple, consiste à :

remplacer ces deux nombres par 90 et 21,
puis par 21 et 6,
puis par 6 et 3,
puis par 3, qui est le résultat.

À chaque étape, l'algorithme demande de calculer le reste $r$ de la division de $a$ par $b$, puis de remplacer $a$ par $b$ et $b$ par $r$. Ainsi, comme $471 = 5 \times 90 + 21$, le reste de la division de 471 par 90 est 21. À la première étape, le premier nombre est donc remplacé par 90 et le second par 21, etc. Une exception toutefois : quand le reste est nul, le calcul s'arrête et le résultat est le nombre $b$. C'est ce qu'il se passe à la dernière étape : nous divisons le nombre 6 par le nombre 3, le reste est nul et le résultat est donc 3.

La notion d'algorithme est aussi au cœur des préoccupations des mathématiciens du Moyen Âge, qui introduisent les chiffres indo-arabes et les algorithmes qui les accompagnent. Parmi eux figure le mathématicien perse, de langue arabe, Muhammad Mūsā al-Khuwārizmī, auteur au IXe siècle du *Livre de l'addition et de la soustraction d'après le calcul indien.* Le nom d'Al-Khuwārizmī provient de celui de la région du Khwarezm, dans l'actuel Ouzbékistan, dont il était originaire. Ce nom a donné le mot « algorithme », attesté en français dès 1230, dans sa forme archaïque « augorisme ».

## *Les mots pour le dire*

Si les algorithmes s'appliquent naturellement aux objets mathématiques, ils ont également leur place dans toutes les activités humaines. Le concept d'algorithme est un concept « à tout faire ». Nous avons déjà mentionné plusieurs exemples d'algorithmes. Un autre exemple dans un domaine très différent va nous permettre d'aborder une question essentielle : comment décrire un algorithme.

Supposons que nous voulions aller de la gare de Bagneux au campus de l'École normale supérieure de Paris-Saclay à Cachan. Des dizaines d'étudiants et d'enseignants empruntent chaque matin la même route, descendant d'abord l'avenue du Pont-Royal, puis l'avenue de Châteaubriand. Sans le savoir peut-être, ils utilisent un algorithme : un procédé qui permet d'aller de la gare au campus.

*Google maps* nous propose une forme graphique de cet algorithme :

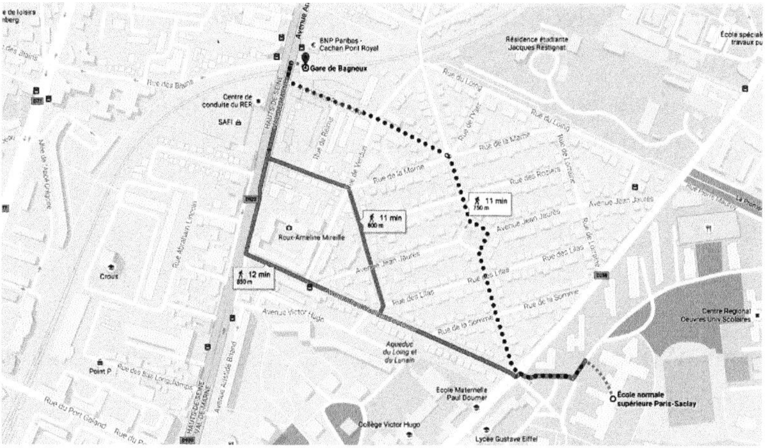


mais aussi une forme textuelle :

1. Prendre la direction sud sur Avenue Aristide Briand/D920 vers Avenue du Pont Royal
   27 m
2. Prendre à gauche sur Avenue du Pont Royal
   260 m
3. Tourner légèrement à droite vers Avenue de Châteaubriand
   7 m
4. Prendre à droite sur Avenue de Châteaubriand
   Traverser le rond-point
   450 m
5. Tourner à gauche
   Votre destination se trouvera sur la droite.
   33 m

Si nous devions expliquer cet algorithme à un étudiant, nous serions plus laconiques. Si nous devions l'expliquer à un enfant, nous donnerions, au contraire, davantage de détails. La manière d'exprimer un algorithme est donc un objet social, qui dépend des interlocuteurs et de leurs connaissances communes.

De même, l'algorithme d'Euclide peut s'exprimer de manière textuelle :

Calculer le reste *r* de la division de *a* par *b*,
tant que *r* n'est pas égal à zéro,
remplacer *a* par *b*,
remplacer *b* par *r*,
calculer le reste *r* de la division de *a* par *b*,
le résultat est *b*

mais Wikipédia nous en propose aussi une expression graphique :

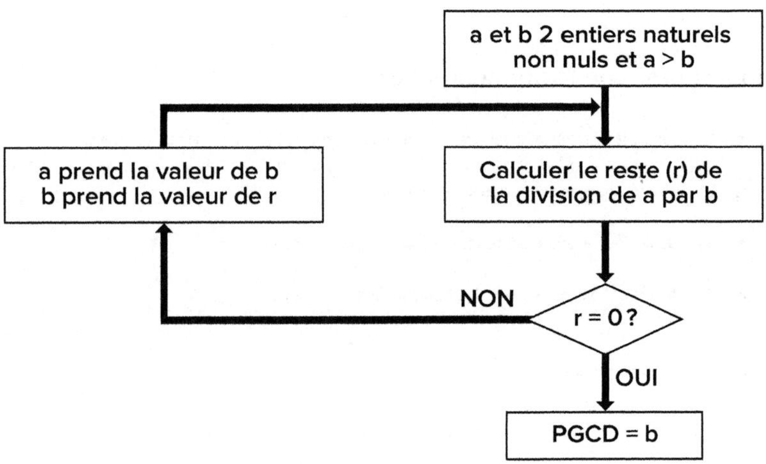

Un algorithme peut donc s'exprimer dans différents langages, mais il a une existence indépendante de ces langages. Un étudiant mal réveillé, qui se rend au campus de Cachan, marchant comme un somnambule, exécute cet algorithme sans le verbaliser. Un autre exemple illustre mieux encore ce dernier point, peut-être déroutant.

Les fourmis, à la recherche de nourriture, utilisent un algorithme très sophistiqué pour s'orienter dans l'espace. Des fourmis éclaireuses commencent par parcourir au hasard les alentours de la fourmilière. Quand l'une d'entre elles découvre une source de nourriture, elle rejoint sa colonie, en laissant, sur son chemin, une piste de phéromones. Attirées par ces phéromones, les fourmis qui passent dans le coin sont encouragées à suivre cette piste. En revenant à la fourmilière, avec de la nourriture, elles laissent, à leur tour, des phéromones, qui renforcent la piste.

Si deux pistes sont possibles pour atteindre la même source de nourriture, les fourmis qui empruntent la plus courte, feront dans le même temps davantage d'allers-retours que celles qui empruntent la plus longue. Elles laisseront donc davantage de phéromones. La piste la plus courte sera donc renforcée davantage, elle sera donc de plus en plus attractive. Les phéromones étant volatiles, la piste la plus longue finira par disparaître.

La colonie de fourmis utilise donc un algorithme complexe pour déterminer la piste la plus courte. Mais ce procédé a été utilisé par les fourmis bien avant d'être verbalisé par les myrmécologues.

Le point qui, précisément, nous distingue des fourmis est que nous cherchons à verbaliser, à mémoriser, à transmettre, à comprendre et à améliorer nos algorithmes. Toutefois, nous utilisons aussi parfois des algorithmes que nous ne savons pas verbaliser. Nous savons assez facilement reconnaître un chien d'un chat. Il nous est pourtant difficile d'expliquer comment nous faisons : commençons-nous par compter les pattes ou alors les oreilles ? Par regarder la forme de la tête ou la texture du pelage ?

Notre cerveau et notre corps utilisent pour voir, se mouvoir, etc., de nombreux algorithmes, symboliques ou non, que nous ne savons pas toujours expliquer.

## *Au-delà du séquencement d'instructions*

L'algorithme pour aller de la gare de Bagneux au campus de Cachan s'exprime comme une séquence de quatre actions élémentaires : « prendre la direction sud-est sur l'avenue du Pont Royal en direction de la rue de Reims » puis… puis… puis… Dans l'expression de l'algorithme d'Euclide apparaissaient aussi des instructions élémentaires, telle *l'affectation* « remplacer *a* par *b* », et des constructions permettant de les assembler comme *la séquence,* « faire ceci, puis cela » et *la boucle* « tant que ceci est vrai, répéter cela ». Nous pourrions aussi ajouter *le test* : « si ceci est vrai, alors faire cela ».

Cela peut paraître surprenant, mais il suffit de bien peu de constructions pour exprimer tous les algorithmes symboliques. Par exemple, ces quatre constructions, l'affectation, la séquence, la boucle et le test suffisent. La richesse des algorithmes ne vient pas de la complexité de leurs composants, mais de la manière dont quelques composants simples sont assemblés.

Le lecteur pourra faire un parallèle avec le fait que les milliards de molécules que nous connaissons sont composées de seulement quelques dizaines d'éléments chimiques, eux-mêmes composés de trois particules élémentaires : protons, neutrons et électrons.

Toutefois, même si ces quelques ingrédients suffisent en théorie, nous construisons rarement des algorithmes en partant de zéro : les ingrédients des algorithmes sont souvent aussi d'autres algorithmes déjà connus. Par exemple, nous avons décrit un algorithme pour aller de la station de RER de Bagneux au campus de Cachan. Si nous voulons maintenant aller du jardin du Luxembourg au campus de Cachan, un algorithme simple est de prendre le RER de Luxembourg à Bagneux, puis d'utiliser l'algorithme précédent, qui apparaît alors ici comme un tout. En formulant ainsi ce nouvel algorithme, nous ignorons les détails de l'algorithme précédent, choisissant de le voir comme une nouvelle instruction élémentaire.

## *Algorithmes et données*

Les algorithmes qui permettent de résoudre des problèmes portant sur des informations symboliques sont très sensibles à la manière dont ces informations sont présentées. Par exemple, il y a de bien meilleurs algorithmes pour effectuer des additions et des multiplications sur les nombres écrits en chiffres indo-arabes : $123 \times 456$, que sur les nombres écrits en chiffres romains : CXXIII × CDLVI. De même, chercher un mot dans un dictionnaire est plus facile dans une écriture alphabétique que dans une écriture idéographique.

Les algorithmes qui recherchent un chemin permettant d'aller d'un point à un autre sont eux aussi très sensibles à la représentation des données. Si la carte d'une ville est donnée pixel par pixel, comme une photo, il est très difficile d'y trouver son chemin. Il vaut mieux qu'elle soit décrite de manière plus abstraite : comme un ensemble de carrefours, reliés par des rues, chacune ayant une longueur. Ainsi, au lieu de progresser laborieusement de pixel en pixel, l'algorithme peut sauter de carrefour en carrefour.

## *Les méthodes algorithmiques*

Nous connaissons de nombreux algorithmes. Un certain nombre de méthodes se retrouvent dans nombre d'entre eux. Par exemple, les méthodes « diviser pour régner », d'« énumération et de test », de « résolution gloutonne » ou d'« utilisation du hasard ».

La méthode « diviser pour régner » consiste à résoudre un problème en le décomposant en deux problèmes plus simples, à les résoudre – possiblement en les décomposant à leur tour en deux, etc. – puis à construire la solution du problème initial en combinant les solutions de ces deux problèmes. Donald Knuth illustre cette méthode par la distribution du courrier postal. Les lettres sont triées en plusieurs tas, correspondant aux différents quartiers de la ville. Puis chaque facteur, en charge d'un quartier, trie à son tour son paquet en plusieurs paquets plus petits, correspondant à chacun des immeubles. Chaque gardien d'immeuble trie ensuite son paquet en paquets plus petits correspondant à chacun des appartements, etc.

## ▪ DONALD KNUTH

Donald Ervin Knuth (né en 1938) est un des plus grands informaticiens. Il est l'un des pionniers de l'algorithmique moderne. Son ouvrage *The Art of Computer Programming* est une référence depuis de nombreuses années.

Comme il n'était pas satisfait des outils de traitement de texte disponibles, il a créé ses propres outils : TeX et Metafont, qui sont des logiciels libres très utilisés.

De nombreux algorithmes célèbres portent son nom : l'algorithme de Knuth-Morris-Pratt, l'algorithme X de Knuth, l'algorithme Robinson-Schensted-Knuth, et l'algorithme de Knuth-Bendix.

La méthode d'« énumération et de test » consiste à résoudre un problème en énumérant toutes les solutions possibles et en les testant l'une après l'autre. Par exemple, quand un voyageur de commerce doit rendre visite à des clients dans plusieurs villes, il cherche en général à organiser sa tournée de manière à minimiser la distance à parcourir. Un algorithme pour trouver la tournée la plus courte consiste à calculer toutes les tournées possibles – par exemple, avec dix clients, il y en a 3628800 –, à calculer la longueur de chacune et à choisir la plus courte.

La méthode de « résolution gloutonne » permet de trouver des solutions raisonnables à des problèmes d'optimisation, quand les algorithmes d'énumération et de test demandent trop de calcul. Par exemple, quand un voyageur de commerce a vingt clients, il devrait, avec une méthode d'énumération et de test, tester plus de deux milliards de milliards de tournées possibles. Plutôt que de se lancer dans une telle énumération, il peut utiliser un algorithme qui procède localement : aller dans la ville la plus proche, puis dans la ville la plus proche de la ville la plus proche, etc. Avec un tel algorithme, il absorbe les kilomètres gloutonnement, sans jamais remettre en cause ses choix passés. La solution trouvée n'est, en général, pas la meilleure, mais elle est « raisonnable ».

Nous avons déjà vu un exemple d'utilisation du hasard dans un algorithme : pour trouver de la nourriture, les fourmis éclaireuses commencent par parcourir les environs de la fourmilière au hasard. De nombreux autres algorithmes utilisent, de même, une source de hasard. Par exemple, l'algorithme de Monte Carlo permet de déterminer l'aire d'une figure complexe, incluse dans un carré. Des points sont tirés au hasard dans le carré, par exemple en y lançant des fléchettes. La loi des grands nombres nous apprend que ces points tomberont dans la figure avec une fréquence proche du rapport entre l'aire de cette figure et celle du carré.

## *L'apprentissage automatique*

La dernière méthode dont nous parlerons est l'« apprentissage ». Nous sommes habitués à ce qu'une personne apprenne à faire du pain, à chercher un mot dans un dictionnaire, etc. Mais il nous semble plus surprenant qu'un algorithme puisse, lui-aussi, apprendre. Pourtant, comme un boulanger apprend de son travail et s'améliore chaque jour, un algorithme peut apprendre de la répétition d'une même tâche et s'améliorer.

Un exemple d'algorithme qui apprend est les « algorithmes de recommandation » sur les plateformes de diffusion de musique, de vidéos, de livres, etc. Un tel système nous interpelle : « Vous avez aimé *King Arthur*, peut-être aimerez-vous *Peter Grimes.* » Pour formuler une telle recommandation, le système ne se fonde pas sur sa connaissance des liens qui unissent Henry Purcell et Benjamin Britten. Il se fonde, plus simplement, sur l'analyse des pièces écoutées par les utilisateurs qui nous ont précédés, et sur le fait que, parmi ceux qui ont écouté *King Arthur*, il y en a beaucoup, en valeur relative, qui ont aussi écouté *Peter Grimes*. Ou alors l'algorithme essaye de trouver des utilisateurs, que nous ne connaissons sans doute pas, mais qui ont des goûts proches des nôtres. Dans les deux cas, l'algorithme apprend, découve des proximités statistiques entre des pièces de musique, ou entre des utilisateurs. À partir de cet apprentissage, l'algorithme peut prédire ce que nous allons aimer et donc ce que nous serons tentés d'écouter ou d'acheter.

Ces algorithmes qui apprennent nous conduisent à porter un regard nouveau sur la manière dont nous-mêmes apprenons. Les algorithmes de recommandation apprennent les liens qui unissent Purcell et Britten, sans avoir aucune expertise en histoire de la musique. Ils se contentent d'observer nos choix et d'apprendre à partir de ce qu'ils observent. Ce fonctionnement n'est, en fait, pas très différent de celui d'un enfant qui apprend sa langue maternelle en observant les personnes qui parlent autour de lui, en les imitant, en passant beaucoup de temps à parler, sans rien comprendre à la grammaire, aux conjugaisons et aux déclinaisons. De même qu'un enfant sait qu'il ne faut pas dire « j'ai allé à l'école », mais « je suis allé à l'école », tout en étant incapable d'expliquer pourquoi, un algorithme de recommandation saura nous recommander Benjamin Britten sans être capable de nous expliquer pourquoi nous devrions aimer ce compositeur.

Certains problèmes d'apprentissage sont difficiles à résoudre. Si nous essayons, par exemple, de reconnaître des objets : un chien, un chat, une table, etc., dans une image, donnée pixel par pixel, une analyse statistique qui compterait le nombre de pixels noirs ou le nombre de pixels bleus peinerait à distinguer un chien d'une table. Il faut alors utiliser des algorithmes d'apprentissage plus complexes, des algorithmes d'« apprentissage profond », qui essaient d'abord de retrouver dans l'image des formes : lignes droites, cercles, griffes, pattes, pieds, etc., puis des objets de plus en plus complexes. L'algorithme construit ainsi, étape par étape, des représentations de l'image de plus en plus abstraites, pour finir par reconnaître les objets recherchés. Une difficulté est de savoir quels éléments – griffes, pattes, pieds, etc. – chercher à reconnaître. Qu'à cela ne tienne, l'algorithme peut les apprendre par lui-même. Les algorithmes d'apprentissage profond ont par exemple permis aux programmes qui jouent au go de beaucoup progresser, jusqu'à battre les meilleurs joueurs.

# *Algorithmes, ordinateurs et programmes*

Nous utilisons des algorithmes symboliques, depuis les débuts de l'écriture, il y a cinq mille ans. Comment se fait-il, alors, que cette notion fasse soudainement irruption dans le débat public aujourd'hui ? Pour l'expliquer, nous devons nous intéresser à d'autres objets que les algorithmes : les ordinateurs et les programmes.

Les craintes et les fantasmes liés à la place que prend l'informatique dans notre monde se focalisaient d'ailleurs naguère davantage sur les mots « ordinateurs » et « robots ». Ce n'est que récemment que nous avons assisté à un basculement vers le mot « algorithmes ». Ce ne sont plus les objets informatiques, ordinateurs, etc., qui effraient, mais le fait que ces objets « pensent ».

## *Des algorithmes aux ordinateurs*

L'un des principaux intérêts des algorithmes, nous l'avons dit, est que nous pouvons les exécuter sans réfléchir. Une fois que nous avons appris à chercher un mot dans un dictionnaire, à faire une addition, à calculer le plus grand diviseur commun de deux nombres, voire à poser un diagnostic à partir du résultat d'un examen clinique, effectuer une telle tâche ne nous demande aucune imagination, ni aucun talent : il nous suffit d'appliquer l'algorithme que nous avons appris. Cela nous permet d'utiliser notre imagination et notre talent pour faire d'autres choses, par exemple inventer de nouveaux algorithmes.

Chercher un mot dans un dictionnaire, ajouter deux nombres, etc., sont donc des exemples de tâches qui peuvent s'effectuer « mécaniquement ». De là à les faire effectuer par une machine, au lieu de nous fatiguer à les effectuer nous-mêmes, il n'y a qu'un pas… que l'humanité a mis cinq mille ans à franchir.

Si les premières machines, tels les moulins à eau, remontent à l'Antiquité, les algorithmes et les machines ont longtemps appartenu à des sphères culturelles différentes : quand les scribes de Mésopotamie ont proposé les premiers algorithmes pour faire des additions et des multiplications, ces algorithmes étaient destinés à être exécutés à la main, par des êtres humains, et non par des machines. De même, les machines d'Héron d'Alexandrie servaient à faire fonctionner des fontaines, non à faire des additions et des multiplications.

## *Les premières machines*

Il a fallu du temps pour élaborer les techniques nécessaires pour que des machines puissent exécuter des algorithmes symboliques. Les bouliers et autres abaques nous aident à exécuter des algorithmes mais ne calculent pas tout seuls ; ils ne peuvent donc pas être qualifiés de « machines ». De ce fait, les premières machines capables d'exécuter des algorithmes symboliques sont sans doute les carillons des cathédrales, qui datent de la fin du Moyen Âge. Celui de la cathédrale de Dijon, par exemple, comportait un automate qui sonnait sur une cloche à chaque heure. L'horloge de la cathédrale de Strasbourg comportait une statue de la Vierge devant laquelle les rois mages venaient s'incliner toutes les heures, ainsi qu'un coq qui battait des ailes. Elle calculait aussi la position des planètes et les fêtes mobiles.

Ces carillons furent suivis, au XVII^e^ siècle, par les machines à calculer de Schickard et de Pascal, qui ne permettaient d'effectuer que des additions et des soustractions et dont les délicats mécanismes d'horlogerie se coinçaient fréquemment, puis par celle de Leibniz qui permettait d'effectuer également des multiplications et des divisions, au XVIII^e^ siècle par les automates de Vaucanson, au XIX^e^ par les métiers à tisser de Falcon et Jacquard, puis par la machine à recensement de Hollerith et au XX^e^ siècle par les machines Enigma et Leibniz, construites juste avant la seconde guerre mondiale pour chiffrer et déchiffrer des messages des armées de l'Axe, et par les machines Bombe et Colossus, construites par les Britanniques pour casser les codes de ces deux machines, c'est-à-dire pour déchiffrer les messages, sans en connaître la clé.

Mais aucune de ces machines n'est encore un ordinateur, même si elles en possèdent déjà certains attributs, car il leur manque une qualité essentielle : l'universalité. À la différence d'un rasoir ou d'un hachoir électriques, qui n'ont chacun qu'une seule fonction, un ordinateur est une machine polyvalente. Plus : un ordinateur est une machine universelle, qui peut exécuter non seulement plusieurs mais tous les algorithmes symboliques possibles. C'est littéralement une « machine à tout faire ». Or, aucune des machines que nous avons évoquées n'est universelle.

Cette idée d'universalité est apparue dans les travaux d'Ada Lovelace et de Charles Babbage au XIX^e^ siècle, mais elle n'a été véritablement comprise que par Alan Turing et Alonzo Church dans les années trente. Et ce n'est que dans les années 1940 que nous avons fabriqué les premières machines universelles : les premiers ordinateurs.

Il est difficile de dire quelle fut exactement la première machine universelle. La machine Z3 construite à Berlin, l'ENIAC construit à Philadelphie et la machine Baby construite à Manchester, dans les années quarante, peuvent légitimement tous les trois revendiquer ce titre de premier ordinateur de l'histoire.

C'est cette universalité qui explique que les ordinateurs soient aujourd'hui omniprésents, que nous les rencontrions dans nos entreprises, dont ils assurent la comptabilité, etc., dans nos maisons et nos appartements, où il nous permettent d'écouter de la musique, de conserver nos photos de vacances, etc., dans nos voitures, où ils nous guident à travers des dédales de sens uniques, etc.

Cette universalité conduit d'ailleurs à estomper la distinction entre divers objets : ainsi il n'y a plus vraiment de téléphones, d'appareils photo, de montres ou de baladeurs, toutes ces fonctions sont remplies par un unique objet, un ordinateur de poche que, de manière arbitraire, nous appelons en France « un téléphone » et « un cellulaire » au Québec.

Peu après la construction des premiers ordinateurs, nous avons appris à les mettre en réseaux, c'est-à-dire à les relier entre eux, construisant des systèmes informatiques de plus en plus complexes. Et à la toute fin du xx^e^ siècle, les ordinateurs sont devenus suffisamment bon marché pour entrer dans tous les foyers.

Quand, au temps des algorithmes, certains se plaignent de la déshumanisation du monde due au fait qu'une compagnie d'assurances calcule le montant à verser à une victime d'un accident en utilisant un « algorithme cynique », ils n'évoquent pas uniquement le procédé par lequel cette somme est calculée, mais aussi la machine, l'ordinateur, sur laquelle ce calcul est effectué. L'algorithme et l'ordinateur qui l'exécute sont ici indissociables.

La transformation radicale du monde à laquelle nous assistons aujourd'hui n'est donc pas exclusivement due à l'invention du concept d'algorithme, il y a cinq mille ans, mais à celle de machines à exécuter des algorithmes, les ordinateurs, et au développement d'une science et d'une technique, l'informatique, que cette invention a suscité.

## *Des machines et des langages*

Pour utiliser une machine polyvalente, nous devons lui indiquer l'algorithme que nous souhaitons qu'elle exécute en le décrivant dans un langage particulier, appelé « un langage de programmation ». La description d'un algorithme dans un tel langage s'appelle « un programme informatique » ou plus simplement « un programme ». Voici, par exemple, un programme écrit dans le langage Java, qui exprime l'algorithme d'Euclide (voir page 12) :

```
r = a % b ;
while (r != 0) {
        a = b ;
        b = r ;
        r = a % b ;
}
```

Un programme contient souvent plus d'information que l'algorithme qu'il exprime, car il précise de nombreux détails : que les nombres dont l'ordinateur calcule le plus grand diviseur doivent être demandés à l'utilisateur, qui doit les taper au clavier ou les écrire dans un fichier, que le résultat doit être affiché sur un écran ou alors écrit dans un autre fichier, que le programme doit utiliser des bibliothèques écrites par d'autres, que les données sont représentées de telle ou telle manière, etc.

## *L'information numérisée*

Les ordinateurs n'exécutent des algorithmes que sur des données symboliques. Pourtant, nous savons que les ordinateurs peuvent aussi stocker, transmettre, transformer des images, des sons, des vidéos, etc. qui ne sont pas formés de symboles. Comment font-ils ? Ils représentent ces images par des suites de symboles, souvent en les approximant.

Pour représenter une image par une suite de symboles, nous la découpons en un nombre fini de rectangles, appelés « pixels », et simplifions chaque pixel en un pixel monochrome, ce qui constitue une première approximation, puis nous ne considérons qu'un nombre fini de couleurs et associons à chaque pixel une couleur de cette palette, ce qui en constitue une seconde. Une photo comporte en général quelques millions de pixels, chacun étant d'une couleur choisie dans une palette qui en contient seize millions. Et avec de telles valeurs, notre œil n'est plus capable de faire la différence entre une vraie image – non pixélisée – et une image représentée sous forme symbolique. Si nous percevons parfois qu'une image est pixélisée, c'est que nous n'avons pas utilisé assez de pixels. La couleur de chaque pixel se représente par une suite de vingt-quatre bits. Une image de dix millions de pixels se représente donc comme une suite de deux cent quarante millions de bits, soit trente mégaoctets (voir page 32).

Un appareil photo numérique transforme l'image réelle que nous voyons dans le viseur en une image représentée sous forme symbolique. Cette représentation de l'image peut être stockée, transmise, transformée. L'appareil est capable d'exécuter des algorithmes sophistiqués sur ces images. Certains de ces algorithmes pourraient être réalisés sur une image analogique, c'est-à-dire non pixélisée, mais d'autres sont trop complexes pour cela.

## BITS, OCTETS, PÉTAOCTETS

L'unité fondamentale pour mesurer une quantité d'information est le « bit ». C'est l'information contenue dans un message formé d'un symbole choisi dans un alphabet qui en compte deux, par exemple 0 et 1. Ainsi un bit suffit pour dire « il fait jour » ou « il fait nuit ». Avec trois bits, nous pouvons former huit messages différents : 000, 001, 010, 011, 100, 101, 110, 111. Trois bits suffisent donc pour exprimer un jour de la semaine, par exemple, 000 pour dire « lundi », 001 pour « mardi »... 110 pour « dimanche ».

Pour des raisons historiques, nous utilisons souvent une unité dérivée, l'« octet » qui est égal à huit bits. Avec huit bits, nous pouvons exprimer 256 messages différents. Cela suffit pour choisir une lettre dans un alphabet qui contient les minuscules et majuscules utilisées en français, les voyelles accentuées, les chiffres et les symboles de ponctuation, soit un peu plus d'une centaine de lettres.

Mille octets forment un « kilooctet », mille kilooctets un « mégaoctet », mille mégaoctets un « gigaoctet », mille gigaoctets un « téraoctet », mille téraoctets un « pétaoctet »... Un pétaoctet est donc égal à huit millions de milliards de bits. Le vertige ?

Pour avoir une idée des ordres de grandeur. La quantité d'information contenue dans une page de texte est de quelques kilooctets, celle contenue dans un livre de quelques mégaoctets, celle contenue dans une petite bibliothèque de mille volumes de quelques gigaoctets, celle contenue dans l'ensemble des textes conservés à la Bibliothèque Nationale de France de quelques téraoctets, celle produite par l'Organisation européenne pour la recherche nucléaire (CERN) en une année de quelques pétaoctets.

Les sons sont également représentés de manière symbolique au prix, là encore, d'une approximation. Cette idée de représentation symbolique des sons n'est cependant pas nouvelle. La notation musicale représente un son en le découpant en notes, qui ont une hauteur et une durée choisies dans une gamme finie, ce qui constitue aussi une approximation. Et les compositeurs savent bien toute la difficulté d'écrire ainsi la musique d'une locomotive ou le chant d'un merle bleu.

Ces représentations d'une image, d'un son, d'une vidéo, etc., permettent à un ordinateur de les considérer comme des suites de symboles. Comme les symboles employés sont en général des chiffres – souvent uniquement les chiffres 0 et 1 – cette représentation d'une image, d'un son, d'une vidéo, etc., en suite de symboles s'appelle la « numérisation » de l'image, du son, etc. L'artefact ainsi construit est appelé « numérique ». De là vient l'utilisation de l'adjectif « numérique » pour désigner le monde au temps des algorithmes. Le fait d'avoir numérisé ces informations ouvre d'immenses possibilités : il devient possible de stocker des images, des sons, etc., de les transmettre, de les répliquer, d'y effectuer des recherches, de les analyser, de les transformer, etc.

## *Divers et universels*

Un ordinateur peut donc non seulement appliquer des algorithmes sur des informations symboliques, tels des textes, mais aussi des informations numérisées, telles des images. Il peut aussi interagir avec le monde physique, par exemple, commander les moteurs d'un pétrin et fabriquer ainsi du pain, si nous l'équipons d'une interface. C'est ainsi que les ordinateurs se retrouvent embarqués dans des trains, des voitures, des avions, des tracteurs, etc. En caricaturant un peu, nous pourrions dire qu'une voiture moderne n'est plus qu'un petit réseau d'ordinateurs équipés d'un moteur et de quatre roues. Ses ordinateurs de bord contrôlent tout : l'injection du carburant, les changements de vitesse, le freinage, etc. C'est aussi un ordinateur qui nous guide jusqu'au plus petit village du Loir-et-Cher, nous aide à éviter les bouchons, en utilisant un réseau externe d'ordinateurs, qui l'informe de l'état du trafic.

De même, les télévisions, les appareils photo, les téléphones, les montres, les baladeurs, les liseuses, les box sont des ordinateurs, c'est-à-dire des machines universelles, que nous avons spécialisées, pour rendre leur utilisation plus facile. L'ordinateur d'un appareil photo numérique contient des programmes de traitement d'images, que nous ne retrouvons pas dans une liseuse. Mais les appareils photos et les liseuses contiennent des processeurs, qui sont des machines universelles. S'ils ont l'air de faire des choses très différentes, très spécialisées, si sur certains de ces objets nous devons nous contenter des programmes prévus par leurs concepteurs et que nous ne pouvons même pas charger d'autres programmes nous-mêmes, ces objets sont tous construits autour de machines universelles.

Pour apprécier l'extrême variété de ces machines, nous pouvons nous attarder sur la variété de ce que nous appelons « un robot ». Lors de sa première apparition, en 1921, dans la pièce *R.U.R.* de Karel Čapek, le mot « robot » désignait une machine humanoïde. Nous avons aujourd'hui des robots domestiques capables de nous aider à cuisiner ou à faire le ménage. L'industrie utilise des robots plus sophistiqués, très spécialisés, certains d'une grande puissance, d'autres, d'une grande précision. Si les R2D2, C3P0, ou BB-8 de *La Guerre des Étoiles* sont encore du domaine de la science-fiction, nous voyons arriver des robots humanoïdes de plus en plus perfectionnés, capables d'exécuter, en toute autonomie, des tâches de « haut niveau », comme jouer au foot ou danser.

Autre différence : à côté des ordinateurs domestiques, il y a aussi des ordinateurs « élevés en batterie » dans des « fermes » de millions d'ordinateurs : les *data centers*.

Nous vivons donc au milieu d'un bestiaire d'ordinateurs très différents les uns des autres, qui ont transformé, chacun à sa manière, nos environnements personnels et professionnels. Mais, malgré leurs différences, ces ordinateurs restent fondamentalement la même chose : des machines universelles.

## ■ EDSGER DIJKSTRA

Edsger Dijkstra (1930-2002) est un informaticien néerlandais, l'un des grands pionniers du domaine. Il a eu des contributions essentielles, notamment sur les langages de programmation, la conception d'algorithme, le calcul distribué, etc. Il a donné son nom à un algorithme qui permet de calculer un plus court chemin dans un graphe.

Il est aussi célèbre pour son caractère, que certains qualifiaient de « difficile », et ses aphorismes, par exemple, « Tester un programme peut démontrer la présence de bugs, jamais leur absence. » Un autre aphorisme : « L'informatique n'est pas plus la science des ordinateurs que l'astronomie n'est celle des télescopes » est incorrectement attribué à Dijkstra. Il est en fait dû à deux autres informaticiens, Michael R. Fellows et Ian Parberry.

Nous pouvons aussi réaliser des ordinateurs de manières très diverses. Des élèves de l'École normale supérieure de Lyon ont construit une machine de Turing mécanique, en Lego. Les chercheurs expérimentent d'autres types d'ordinateurs inspirés par le fonctionnement des organismes vivants. D'autres cherchent à exploiter les lois de la physique quantique pour construire des ordinateurs encore différents.

# *À quoi servent les algorithmes*

Les algorithmes et les ordinateurs servent à tout. Mais à quoi servent-ils concrètement ? De leur universalité découle une fantastique diversité de leurs usages.

## *Calculer*

Historiquement, les ordinateurs ont d'abord été utilisés pour effectuer des calculs – au sens que nous donnions à ce mot avant l'invention des ordinateurs : transformer des données, typiquement des nombres. Entrent dans cette classe par exemple les algorithmes qui permettent de résoudre des équations, chiffrer ou déchiffrer un message, etc.

## *Gérer de l'information*

Mais nous nous sommes rapidement aperçus que les ordinateurs pouvaient être utilisés d'une tout autre façon : pour stocker, interroger, mettre à jour des quantités importantes d'information, par exemple le catalogue d'une bibliothèque, le fichier des clients d'une entreprise, etc. D'une certaine manière, les algorithmes utilisés sont ici relativement simples : par exemple, rechercher le titre d'un livre dans un catalogue n'est pas plus compliqué que chercher un mot dans un dictionnaire. Mais le volume des données traitées justifie l'utilisation d'un ordinateur, tout comme le fait qu'il faille protéger l'information, par exemple contre les défaillances matérielles, parce qu'elle possède peut-être une valeur considérable pour toute une communauté d'utilisateurs.

Entrent aussi dans cette catégorie, les algorithmes qui archivent des données pour permettre leur préservation.

## *Communiquer*

À l'inverse de la fonction de l'archivage, qui fait voyager l'information dans le temps, certains algorithmes font voyager l'information dans l'espace. C'est le cas par exemple des algorithmes utilisés par le courrier électronique. L'information n'est pas modifiée lors d'un tel voyage, mais faire circuler efficacement l'information sur un réseau de plusieurs milliards d'ordinateurs demande des algorithmes complexes, des « protocoles » de communication, parmi lesquels le célèbre « protocole Internet ».

Les réseaux informatiques remplacent peu à peu les réseaux postaux, téléphoniques et de diffusion de la télévision. Cette convergence de l'informatique et des télécommunications est peut-être le phénomène que nous avions le moins anticipé :

dans certains romans de science-fiction des années soixante, les habitants de la Terre en l'an 2000 se déplacent dans des voitures volantes, mais s'arrêtent à une cabine pour téléphoner.

## *Explorer*

Quand, depuis le campus de Cachan, nous voulons aller au palais de Tokyo, le plus rapidement possible, en utilisant les transports en commun, un algorithme peut nous aider à trouver le chemin le plus court. Quand nous devons ranger trois mille cartons dans des conteneurs de manière optimale, un algorithme est indispensable pour trouver la meilleure répartition.

Plus court chemin ou meilleure répartition, ces algorithmes fonctionnent *grosso modo* de la même manière : ils explorent un grand nombre de chemins, de répartition des cartons, etc., avant d'en choisir un, ce sont des algorithmes d'exploration et de test. Quand il y a trop de configurations à explorer, ils utilisent des heuristiques, telle la méthode gloutonne, pour éviter de les essayer toutes.

## *Analyser des données*

Chaque trimestre, l'Institut national de la statistique et des études économiques (Insee) nous annonce la croissance du produit intérieur brut du pays. Cette information est obtenue par des algorithmes d'analyse de données qui agrègent de nombreux indicateurs : indices des chiffres d'affaires, immatriculations de véhicules, statistiques douanières, etc.

L'analyse de données est de plus en plus présente dans la recherche scientifique. L'analyse d'images permet par exemple de classifier automatiquement les galaxies. L'analyse de la fréquence des mots dans un texte, tels certains passages de la Bible, permet de lui attribuer un auteur.

Dans notre vie quotidienne, le choix des réponses qui nous sont proposées dans nos moteurs de recherche, les recommandations de films, de livres, de partenaires, etc., le choix des publicités qui nous sont montrées, etc., sont fondés sur l'analyse de données recueillies quand nous utilisons ces services. Le développement du Web et des téléphones connectés a contribué à la production de grandes quantités de données, que nous avons appris à analyser, en utilisant des ordinateurs massivement parallèles, c'est le domaine du big data.

## *Traiter le signal*

Une partie des informations que traitent les algorithmes est issue de capteurs, qui mesurent des grandeurs physiques, comme la température, la pression, la luminosité, etc. Le résultat de ces mesures qui varie dans le temps ou dans l'espace constitue un «signal». Un son, par exemple, est une variation de la pression de l'air dans le temps. Une image est une variation de la luminosité dans l'espace.

Un signal peut être représenté de manière analogique. Par exemple, un capteur de pression, un microphone, transforme ce son en un signal électrique, la variation de l'intensité électrique étant l'analogue de la variation de la pression. Un microphone numérique, en revanche, transforme le son en une suite de nombres, c'est-à-dire en une suite de symboles.

Le signal électrique représentant le son peut être amplifié, transformé, etc., par des appareils spécialisés. Le même signal, représenté de façon numérique, peut être traité par des algorithmes et des ordinateurs.

Le fait de changer le mode de représentation des sons, des images, etc., change beaucoup la manière de traiter ces informations. Par exemple, un appareil photo argentique comportait un complexe agencement de lentilles pour guider chaque rayon lumineux sur un point précis du négatif, sans lequel l'image aurait été déformée : une ligne droite photographiée aurait été traduite sur la photo par une ligne courbe. Nul besoin d'un tel objectif dans un appareil numérique, formé de quelques millions de capteurs de luminosité. Si le rayon lumineux tombe au mauvais endroit, un algorithme permet de corriger la déformation. Ainsi débarrassés de leurs complexes objectifs, les appareils photo numériques sont beaucoup moins chers que leurs homologues argentiques. Si bien que nous en avons désormais un en permanence dans la poche.

Le fait d'utiliser des machines universelles, des ordinateurs, plutôt que des machines spécialisées pour traiter le signal a aussi contribué à diminuer les coûts de ce traitement. Ainsi, au XX$^{e}$ siècle, les musiciens débutants dépensaient des fortunes pour pouvoir avoir accès à un studio et produire leurs premiers morceaux. Maintenant, avec un micro numérique, un ordinateur ordinaire et un logiciel de traitement du signal, ils peuvent obtenir une qualité proche de celle d'un studio professionnel.

Les caméras, les appareils photo et les micros numériques, les ordinateurs et les logiciels de traitement du signal ont mis à la disposition de tous des outils naguère réservés aux professionnels. Ils ont ainsi réalisé le rêve de nombreux artistes, tels les cinéastes de la Nouvelle Vague, qui recherchaient les caméras les plus légères et les méthodes de production les moins chères pour faire sortir le cinéma dans la rue.

## *Commander un objet*

Des algorithmes commandent des objets, utilisant souvent des informations qui leur sont fournies par des capteurs. Par exemple, l'algorithme qui conduit une voiture automatique doit traiter non seulement les informations que lui fournit son passager, essentiellement l'endroit où il souhaite aller, mais aussi les informations que lui fournissent les multiples caméras dont la voiture est équipée et qui lui permettent de connaître l'état de la route.

Ces algorithmes ont aussi la particularité de devoir souvent calculer en temps réel : quand le feu passe au rouge, l'algorithme doit non seulement activer les freins de la voiture, mais il doit le faire immédiatement et non une minute après.

## *Fabriquer des biens*

Des algorithmes sont utilisés pour automatiser la production d'objets matériels dans des usines, où entrent les matières premières à un bout et d'où sortent ces objets à l'autre. Chaque machine est commandée par un algorithme, et l'ensemble de la production est supervisé par d'autres algorithmes. Cela permet de produire des objets, comme des téléphones cellulaires, qui n'ont rien à voir en termes de complexité avec les téléphones du XXe siècle.

Quelques personnes sont encore présentes dans ces usines pour vérifier que les machines fonctionnent bien ou les réparer si nécessaire, mais comparées aux usines du XIXe et du XXe siècle, ces usines sont essentiellement vides d'êtres humains.

## *Modéliser et simuler*

La clé de voûte de notre compréhension du monde est la construction de théories : mécanique newtonienne, relativité, évolution, etc. Une telle théorie est dite « scientifique » quand elle permet de faire des prédictions, qui peuvent être comparées à des observations. Par exemple, la mécanique newtonienne nous permet de prédire, longtemps à l'avance, l'heure à laquelle le soleil se lèvera et se couchera en un point du globe. Nous pouvons ensuite comparer l'heure prédite à l'heure effectivement observée. Si ces deux heures ne coïncidaient pas, il y aurait un problème avec la théorie.

Certaines théories peuvent être formulées sous la forme d'algorithmes, par exemple un algorithme qui permet de calculer le mouvement des planètes dans le Système solaire. De telles théories algorithmiques s'appellent « des modèles ». Du fait de leur caractère algorithmique, ces modèles permettent à un ordinateur de « simuler » le phénomène modélisé. Nous avons développé des modèles de nombreux phénomènes : l'évolution de l'atmosphère et des océans, le fonctionnement du cerveau, le mouvement des plaques tectoniques, le développement des villes, la variation des cours de la Bourse, les mouvements de foule, etc.

Les théories classiques se basaient sur un petit nombre d'équations. Les équations de la mécanique de Newton tiennent par exemple en quelques lignes. Les modèles sont souvent beaucoup plus complexes et mettent en jeu des aspects très divers. Par exemple, un modèle de développement d'une ville doit tenir compte de processus démographiques, économiques, politiques, géographiques, etc., qui interagissent.

Du fait de cette complexité, certains phénomènes peuvent être modélisés et simulés sans être même pleinement compris. Un spécialiste de la physique newtonienne pouvait maîtriser ses équations, suivre pas à pas un raisonnement et interpréter le résultat. La complexité d'un modèle météorologique, par exemple, fait qu'il devient impossible d'en suivre tous les calculs et d'en expliquer succinctement le résultat. Un tel modèle nous permet de prévoir, avec une bonne probabilité, s'il pleuvra demain ou non, mais ne permettra pas de dire pourquoi.

En principe, les modèles sont soumis aux mêmes contraintes que les autres théories : leurs prédictions doivent être en accord avec les observations, sinon ils sont incorrects. Cela dit, du fait de leur complexité, nous sommes amenés à revisiter le sens du mot « incorrect ». Quand les prédictions d'une théorie classique étaient en désaccord avec les observations, la théorie devait être abandonnée ou, au moins, revue de fond en comble. Mais quand les prévisions d'un modèle complexe, dépendant de nombreux paramètres, sont en « léger » désaccord avec certaines observations, nous ne jetons pas le modèle. Nous essayons plutôt de le corriger en modifiant légèrement la valeur de l'un des paramètres, pour le mettre plus en accord avec les observations. Quand les désaccords sont trop importants, nous essayons de le complexifier encore un peu en introduisant un nouveau paramètre. Si bien qu'un modèle mis en défaut est rarement abandonné : quand ses prédictions diffèrent des observations, nous cherchons à le faire évoluer. Les modèles algorithmiques nous placent donc dans une situation paradoxale : parce qu'ils permettent d'étudier des phénomènes beaucoup plus complexes que les théories classiques, ils représentent une extension du domaine de la science. Mais, du fait de la difficulté à expliquer leurs résultats et à comparer leurs prévisions aux observations, ils représentent un possible affaiblissement de la scientificité.

Ainsi s'achève ce rapide tour d'horizon de quelques types d'algorithmes que nous utilisons tous les jours. Des algorithmes de différents types coopèrent souvent au sein d'un même système : dans un train sans conducteur par exemple, des algorithmes contrôlent la vitesse du train, d'autres l'ouverture des portes, d'autres encore la régulation du trafic, etc. Ce panorama illustre la richesse de notre patrimoine algorithmique, que nous enrichissons sans cesse, en améliorant les algorithmes connus et en en concevant de nouveaux.

# *Ce que les algorithmes ne font pas*

Les algorithmes sont souvent décriés, mais ils sont aussi parfois surestimés. Pour comprendre leur place dans notre monde, il importe aussi d'en comprendre les limites.

## *Les limites du calcul*

Les travaux de mathématiciens des années 1930 : Jacques Herbrand, Kurt Gödel, Alonzo Church, Alan Turing, Stephen Kleene, Emil Post, etc., ont permis de caractériser les problèmes qui peuvent être résolus avec un algorithme. Cela peut surprendre, mais cette classe est indépendante du langage utilisé pour décrire ces algorithmes (voir page 14). Nous pouvons choisir des langages très différents et nous tombons toujours sur la même classe de problèmes, ce qui renforce l'idée de l'indépendance de la notion d'algorithme par rapport au langage dans lequel ils sont exprimés.

Les problèmes que nous pouvons résoudre avec un algorithme sont appelés « calculables » ou « décidables ». À l'inverse, les problèmes pour lesquels cela n'est pas possible sont dits « incalculables » ou « indécidables ». Cette idée est peut-être dérangeante, mais il serait inutile de mobiliser tous les programmeurs du monde pour résoudre l'un de ces problèmes : il n'y a aucun espoir de réussite.

Sans faire la démonstration de l'existence de tels problèmes, nous pouvons suggérer la raison pour laquelle certains problèmes sont indécidables. Imaginons pour cela un groupe d'enfants qui joue à un jeu de piste à la campagne. Un premier message leur enjoint de se rendre sous le pommier, où ils trouvent un deuxième message qui leur enjoint de se rendre dans la grange, où ils trouvent un troisième message qui leur enjoint de... Ces enfants parcourent un chemin assez imprévisible qui les mène du sud au nord et du nord au sud, peut-être très loin de leur point de départ.

Nous pouvons facilement répondre à la question : les enfants trouveront-ils une baguette magique pendant les cinq premières étapes de leur parcours ? Il nous suffit pour cela de suivre nous-mêmes les indications des messages, pendant cinq étapes, pour savoir s'ils nous mènent à trouver une baguette magique ou non. La question : les enfants trouveront-ils une baguette magique avant la fin de leur parcours ? est plus difficile, mais nous pouvons quand même y répondre : nous devons pour cela suivre les indications des messages jusqu'à trouver une baguette magique ou atteindre la fin du parcours sans en avoir trouvé.

Toutefois, cette méthode nous permet de répondre à la question uniquement parce que nous savons que le parcours a une fin : il serait déraisonnable de supposer que les organisateurs du jeu se sont fatigués à déposer un nombre infini de messages.

Imaginons maintenant qu'un parcours infini soit possible : par exemple, que nous voyagions en partant de chez nous et en suivant les indications d'un algorithme qui, étant donné l'endroit où nous sommes sur Terre, décide de notre prochaine destination. Et demandons-nous si notre chemin nous mènera à Rome ou non. Nous pouvons essayer, pour répondre à cette question, d'utiliser la même méthode que dans le jeu de piste et aller d'une étape à la suivante en nous demandant, à chaque étape, si nous sommes arrivés à Rome. Il se peut alors que nous y arrivions en cinq étapes, ou en dix étapes, mais il se peut aussi que nous errions éternellement, d'étape en étape, sans jamais y arriver. Et nous n'avons aucun moyen de savoir si nous y arriverons un jour ou si nous sommes en train d'errer éternellement. Tout ce que nous pouvons faire est d'aller à l'étape suivante.

## ALAN TURING

Alan Turing, né en 1912 et mort en 1954, est un mathématicien et informaticien britannique de génie.

Tôt dans sa carrière, il invente la Machine de Turing, un modèle mathématique élégant de l'ordinateur, qui lui permet de participer à la construction de la thèse de Church-Turing, et de contribuer ainsi à établir la notion de problème « calculable ».

Pendant la Seconde Guerre mondiale, il contribue à casser le code secret allemand de la machine Enigma. Ce travail a une importance considérable pour conduire les alliés à la victoire.

Après guerre, il poursuit des recherches sur les tout premiers ordinateurs. Il propose un test de l'intelligence artificielle, le «test de Turing» essentiellement fondé sur la capacité d'un programme à mystifier l'humain en se faisant passer pour un humain.

Dans ses dernières années, il apporte des contributions importantes en biologie sur la morphogenèse dans le vivant.

En 1952, des poursuites judiciaires sont engagées contre lui, en raison de son homosexualité. Turing accepte la castration chimique pour éviter la prison. Il est retrouvé mort d'un empoisonnement au cyanure dans sa maison de Manchester le 7 juin 1954, probablement par suicide.

Il faut attendre plus de cinquante ans pour le voir réhabilité et reconnu comme héros de la Seconde Guerre mondiale.

---

Nous rencontrons souvent des problèmes indécidables quand nous cherchons à créer des programmes qui transforment d'autres programmes. Par exemple, un «compilateur» est un programme qui traduit un programme, écrit par un être humain et en un autre programme directement exécutable par un ordinateur. Les compilateurs cherchent, en général, à produire les programmes les plus courts, en supprimant les morceaux de programme inutiles. Mais ce problème est indécidable : il n'existe aucun algorithme qui détermine si un morceau de programme est utile ou non. Les compilateurs utilisent donc des heuristiques qui leur permettent d'éliminer certains morceaux de programme inutiles, mais nous ne pouvons pas garantir qu'ils n'en aient pas laissé passer d'autres.

## *Le temps du calcul*

Fort heureusement, les problèmes que nous rencontrons dans notre vie quotidienne sont le plus souvent calculables. Nous rencontrons, en revanche, souvent des problèmes qui, bien que calculables, ne peuvent être résolus que par des algorithmes qui demandent des temps de calcul extravagants, et qui ne peuvent donc pas être résolus en pratique.

De même que les géographes cherchent à mesurer la hauteur des montagnes et la longueur des rivières, les informaticiens cherchent à mesurer « la complexité » des problèmes qu'ils rencontrent, c'est-à-dire le temps qu'il faut à un algorithme pour les résoudre.

Nous avons évoqué le problème du voyageur de commerce qui doit rendre visite à ses clients dans diverses villes et cherche à organiser sa tournée en minimisant la distance à parcourir. Dans une variante de ce problème, il cherche simplement à trouver une tournée, par exemple, de moins de 500 km. L'algorithme qui consiste à énumérer toutes les tournées possibles et à les tester l'une après l'autre demande un temps de calcul astronomique : 3 628 800 tournées à tester pour dix clients, plus de deux milliards de milliards pour vingt clients, etc. Le nombre de tournées, et donc le temps de calcul, croît exponentiellement avec le nombre de clients. Cet algorithme ne peut donc être utilisé en pratique que si le nombre de clients est très petit.

L'existence d'un algorithme rapide pour décider s'il existe une tournée d'une longueur maximale donnée est un problème ouvert depuis plus de quarante ans. Il a été classé parmi les « sept problèmes du millénaire » par l'institut Clay, qui propose un prix d'un million de dollars à qui le résoudra. Le nom de ce problème est : « $P \neq NP$ ? » La classe « P » est en effet celle des problèmes qui peuvent être résolus rapidement et la classe « NP », à laquelle appartient le problème du voyageur de commerce, celle des problèmes dont les solutions peuvent être vérifiées rapidement, une fois qu'elles ont été trouvées. Par exemple, une fois qu'une tournée a été trouvée, il est rapide de vérifier qu'elle fait effectivement moins de 500 km. Si nous arrivons à prouver que $P = NP$, cela montrera alors qu'il existe un algorithme, que nous ignorons encore, qui résout rapidement cette variante du problème du voyageur de commerce. Si nous arrivons à prouver que $P \neq NP$, ce ne sera plus la peine de se fatiguer à trouver un tel algorithme : il n'en existe pas !

## *Les autres ressources*

Si le temps de calcul est traditionnellement ce qui manque le plus, d'autres ressources peuvent limiter l'utilisation des algorithmes et des ordinateurs pour résoudre des problèmes : l'espace mémoire, qui sert à stocker l'information, ou l'énergie dissipée par le calcul. Cette dernière ressource est souvent rare et chère, par exemple pour les téléphones qui doivent fonctionner avec une petite batterie. Il nous faut aussi souvent tenir compte du temps de développement d'un algorithme et du programme qui le réalise.

Toutes ces raisons font qu'il est parfois impossible de résoudre un problème avec un algorithme et que les algorithmes ne sont pas la solution à tous nos problèmes.

## *La fiabilité*

Si nous cherchons à aller d'Annemasse à Houlgate, il est possible qu'un algorithme de recherche d'itinéraire nous indique que ces deux villes ne sont pas reliées par le train, alors qu'en réalité elles le sont. Il est aussi possible qu'au lieu d'envoyer un SMS à notre amoureuse, notre téléphone l'envoie par erreur à notre grand-mère. Les algorithmes peuvent comporter des erreurs. Les logiciels et les composants matériels peuvent aussi mal fonctionner.

Ces « bugs » ne sont pas propres aux systèmes informatiques : il arrive aussi que les pilotes expérimentés fassent des erreurs et provoquent des catastrophes. Mais ces erreurs sont relativement fréquentes dans les systèmes informatiques, parce que ces systèmes sont les choses les plus complexes que les hommes aient créées : un vélo est typiquement composé d'une centaine de pièces mécaniques, le système d'exploitation d'un téléphone de dix millions de lignes de programmes. Du fait de la complexité de tels systèmes informatiques et des temps de plus en plus brefs de leur développement, nous pouvons d'ailleurs presque nous étonner qu'ils fonctionnent en général correctement.

Tous ces bugs n'ont pas la même gravité : quand l'application qui fournit les horaires des bus sur notre téléphone ne fonctionne pas, nous pouvons obtenir la même information en consultant un site Web, ou en nous rendant à l'arrêt. Un peu plus embêtant est l'envoi d'un SMS au mauvais destinataire. Quand nous sommes dans un avion piloté par un logiciel ou quand nous sommes opérés par un robot-chirurgien, nous plaçons nos vies entre les mains d'un algorithme. Si le programme qui contrôle une centrale nucléaire ne fonctionne pas correctement, cela peut avoir des conséquences désastreuses.

Dans des domaines critiques, comme les transports, la santé et l'énergie, nous faisons des efforts particuliers pour éliminer les bugs. Nous pouvons arriver, par exemple, à ce qu'un pilote automatique fasse moins d'erreurs qu'un pilote en chair et en os. Mais, dans ces domaines critiques, cela ne nous suffit pas : nous sommes plus exigeants avec les systèmes informatiques qu'avec les êtres humains.

Une part de la recherche en informatique est consacrée à la conception de méthodes pour éviter les bugs et ainsi instaurer une forme de confiance envers les algorithmes. Ces méthodes sont très diverses. Elles concernent aussi bien l'organisation des équipes de développement, la conception de méthodes de tests, que l'analyse des programmes. L'analyse d'un programme consiste, pour une personne souvent différente de celle qui a écrit le programme, à le relire, à chercher à le comprendre, voire à démontrer que ce programme vérifie bien les propriétés spécifiées dans son cahier des charges.

Par exemple, nous avons vu qu'un algorithme pour chercher un mot dans un dictionnaire consiste à l'ouvrir au milieu, à en sélectionner la première ou la seconde moitié selon que le mot recherché est avant ou après le mot médian, à l'ouvrir au milieu, etc., jusqu'à trouver le mot recherché. Par exemple, quand nous cherchons le mot « abalone » dans un dictionnaire formé des dix mots : « abaca, abacule, abaissant, abaisse, abaissement, abaisser, abaisseur, abajoue, abalone, zythum », la première étape sélectionne la liste « abaisser, abaisseur, abajoue, abalone, zythum », la deuxième la liste « abalone, zythum » et la troisième trouve le mot « abalone ».

Le cahier des charges d'un tel algorithme est que si les mots sont classés dans l'ordre alphabétique dans le dictionnaire et si le mot recherché est effectivement dans le dictionnaire, alors l'algorithme le trouve. Pour démontrer que l'algorithme vérifie cette propriété, nous démontrons que, à chaque étape, la taille de la liste diminue et que si le mot recherché appartient à la liste initiale, alors il appartient à la liste sélectionnée. Si l'algorithme est incorrect, par exemple s'il sélectionne la mauvaise moitié de la liste, nous nous en rendrons compte en tentant de démontrer sa correction. Le mot « démontrer » a ici la même signification qu'en logique et en mathématiques.

Bien entendu, plutôt que de démontrer eux-mêmes que les programmes vérifient bien les propriétés spécifiées dans leur cahier des charges, les informaticiens cherchent à faire démontrer cela par d'autres programmes.

Il est donc possible d'éliminer de nombreux bugs dans les programmes et d'augmenter considérablement leur fiabilité. Toutefois, en dépit de toutes ces précautions, il arrive que certains bugs nous échappent, par exemple parce que le cahier des charges comportait lui-même une erreur : la perfection n'est pas de notre monde et le zéro-défaut n'existe pas. Nous pouvons juste faire des efforts pour que cela arrive le moins souvent possible.

Quand cela arrive, le programme doit quand même essayer de fonctionner, ne serait-ce qu'en mode dégradé. Par exemple, un serveur peut tomber en panne, la duplication du service sur une autre machine permettra d'éviter d'interrompre le service.

Cette exigence de perfection a aussi un coût. Ce coût est justifié dans le cas du pilote automatique d'un avion ou d'une voiture autonome. Il faut alors accepter que le développement de tels systèmes prenne beaucoup de temps et coûte beaucoup d'argent. Dans d'autres cas, par exemple pour des applications gratuites d'une utilité relative, la volonté de déployer le service au plus vite prime sur la fiabilité. C'est souvent cela qui conduit à des logiciels de mauvaise qualité, qui ne sont ni plus ni moins à blâmer que le cerf-volant de six sous qui se déchire au premier coup de vent.

## *La sécurité*

La sécurité est un problème très différent de la fiabilité, mais il constitue aussi une limite à l'utilisation des algorithmes : quand un avion s'écrase parce que son réacteur est tombé en panne, il avait un problème de fiabilité, quand il s'écrase parce qu'un criminel y a placé une bombe, il avait un problème de sécurité.

Pour un système informatique, la sécurité est la propriété de résister aux attaques de personnes malveillantes, qui cherchent à en prendre le contrôle ou à accéder à des informations qui ne leur sont pas destinées. La sécurité des systèmes informatiques s'appuie beaucoup sur les méthodes de chiffrement de l'information.

Quand un site Web est peu sécurisé, un pirate peut en prendre le contrôle et transformer les informations diffusées par ce site. Si le système d'information d'une entreprise est peu sécurisé, un concurrent peut voler la formule du parfum que cette entreprise est en train de concevoir. Nous assistons ici à une guerre entre les hackers à « chapeaux blancs », spécialistes de sécurité qui protègent les systèmes informatiques, et les hackers à « chapeaux noirs », qui essaient de trouver des failles de ces systèmes pour les attaquer.

Cette guerre se déplace sur un plan politique quand un ver informatique est utilisé pour s'attaquer aux installations nucléaires iraniennes ou quand des hacktivistes, tel Julian Assange, diffusent des documents publics « confidentiels ».

## ▪ JULIAN ASSANGE

Julian Assange est un informaticien et militant australien.

Il a créé le site Web WikiLeaks – *leaks* signifie « fuites ». Sur ce site, il a publié par millions des documents confidentiels parfois « hackés » par lui ou ses amis. Des documents sur le comportement des États-Unis en Irak lui ont valu de sérieux ennuis avec la justice étatsunienne. Les révélations de Wikileaks ont aussi embarrassé, par exemple, de hauts responsables politiques de pays africains.

Il vit réfugié depuis 2012 à l'ambassade d'Équateur à Londres pour éviter l'extradition et la prison aux États-Unis.

### *L'interaction avec les humains*

Une dernière limite est la difficulté du dialogue entre un humain et un algorithme.

Le vol AF446 de Rio à Paris s'est abîmé dans l'Océan Atlantique. Les facteurs humains semblent avoir été prépondérants dans l'accident et en particulier l'interface entre les pilotes et les ordinateurs a été mise en cause. Il semble que les humains aient mal interprété les données présentées par ces ordinateurs.

La question des interactions entre humains et algorithmes, sans avoir des conséquences toujours aussi dramatiques, est souvent une cause d'échec dans les utilisations de systèmes informatiques. Nombre de nos lecteurs se rappelleront s'être arraché les cheveux, face à une interface inamicale.

Trop souvent encore, nous devons nous adapter aux machines, quand ce sont elles qui devraient s'adapter à nous. L'interaction humains-machines fait cependant constamment des progrès, comme en témoignent, par exemple, les interfaces de nos téléphones.

# *La pensée informatique*

Une révolution scientifique ne produit pas uniquement de nouvelles connaissances, elle produit aussi de nouvelles manières de penser, de nouvelles manières de poser des questions et de nouvelles manières d'y répondre.

Avant la révolution scientifique du début du XVIIe siècle, quand nous nous posions une question, par exemple quand nous nous demandions si le sang circulait dans le corps ou non, nous cherchions une réponse dans les textes que nous avaient laissés les Anciens : Aristote et Galien nous apprenaient que le sang ne circulait pas dans le corps, nous avions donc la réponse à notre question. Comment Aristote et Galien savaient-ils ce qu'ils savaient ? La question ne se posait pas. Ils étaient plus savants que nous, et cela devait nous suffire.

Mais cette manière de répondre aux questions a été peu à peu abandonnée au début du XVIIe siècle et deux nouvelles méthodes sont apparues : mathématiser et observer. Ainsi quand Galilée a observé, avec sa lunette, que, en contradiction avec la théorie des orbes, quatre satellites tournaient autour de Jupiter, ou quand William Harvey a découvert que le sang circulait dans le corps humain, en observant que le débit d'une hémorragie varie quand un garrot sur le bras du blessé est serré et desserré, ils n'ont pas uniquement apporté de nouvelles connaissances, mais aussi de nouvelles manières de poser des questions et de nouvelles manières d'y répondre.

La révolution informatique apporte, elle aussi, de nouvelles manières de penser. L'ensemble de ces manières de penser est souvent désigné par le nom de « pensée informatique », ou « pensée algorithmique », ou encore « pensée computationnelle », qui sont à peu près synonymes. Cette manière de penser, au départ développée par les informaticiens, vient contaminer, enrichir, les modes de pensée de tous. Comme l'informatique, la pensée informatique a plusieurs dimensions.

## *L'utilisation d'outils pour penser*

La plus évidente de ces dimensions est le recours à des bases de données, des tableurs, des moteurs de recherche, etc., pour penser.

Par exemple, pour répondre à la question « quel temps fera-t-il demain ? », nous introduisons désormais, dans un ordinateur, le résultat de milliers de mesures de température, de pression, de vitesse du vent, etc., puis nous utilisons un logiciel qui prédit le mouvement des masses d'air dans l'atmosphère et finalement le temps qu'il fera demain. Un tel calcul est trop long pour pouvoir être effectué à la main et nous ne pouvons donc pas répondre à cette question sans avoir recours à un ordinateur.

## *Tout est échange d'information*

La pensée informatique mène aussi à voir de nombreux phénomènes comme des échanges d'information entre agents.

Par exemple, qu'est-ce qu'un billet de vingt euros ? C'est avant tout une information, selon laquelle son porteur a travaillé une heure – ou gagné au loto – et cela lui donne le droit de boire vingt cafés. Cette information est matérialisée par un rectangle de papier. Elle pourrait aussi être matérialisée par un coquillage, une pièce d'or, ou encore par presque rien, quelques bits sur un disque.

## *La forme algorithmique de la connaissance*

À une question de la forme « savons-nous… ? », un informaticien répond souvent en donnant la description d'un algorithme. Par exemple, en réponse à la question « savons-nous distinguer une tumeur cancéreuse d'une tumeur bénigne ? », il proposera un algorithme qui permet de faire la distinction entre deux images.

Un glissement sémantique nous fait ici passer de la capacité à distinguer une tumeur cancéreuse d'une tumeur bénigne, à celle de formuler un algorithme pour le faire. Une telle connaissance algorithmique est nécessaire si nous voulons utiliser un ordinateur pour analyser des images médicales, rendant ainsi possible l'analyse de milliers d'images, par exemple, lors d'un dépistage systématique.

Cette forme algorithmique de la connaissance, qui est dans l'essence de la pensée informatique, oriente la connaissance vers l'action.

De l'analyse de données à la simulation, l'approche algorithmique de la résolution de problèmes ne cesse de nous surprendre par sa richesse. La pensée informatique a déjà transformé la recherche scientifique dans les domaines les plus variés, de la biologie aux humanités numériques.

## *Des langages à profusion*

Demandez à un informaticien comment décrire un texte dans lequel certains mots sont en gras et d'autres en italique, il inventera aussitôt un langage. Par exemple, dans le langage HTML, le texte « **Le** petit *chat* est mort » s'écrit « <b>Le</b> petit <i>chat</i> est mort ». De tels langages nous permettent de dialoguer avec les ordinateurs.

Avant même les débuts de l'informatique, nous avions perçu l'intérêt d'utiliser des langages pour écrire, par exemple, les nombres, la musique, ou la documentation d'un avion. Ces langages sont évidemment différents de la langue des poèmes de T.S. Eliot. Avec l'informatique, le nombre de ces langages a explosé.

## *La coexistence de différents degrés d'abstraction*

Enfin, les informaticiens ont pris l'habitude d'observer les mêmes objets à différents niveaux d'abstraction ou selon des abstractions associées à différents points de vue.

Pour un mécanicien, une voiture est composée d'un moteur, d'un embrayage, d'une boîte de vitesse, de quatre roues, etc. alors que cette décomposition n'a pas d'utilité pour l'agent de police en charge de la circulation. Nous disons que le mécanicien et l'agent de police voient cette voiture à différents niveaux d'abstraction. L'agent de police, qui prend moins de détails en compte, a un « plus haut niveau d'abstraction » sur la voiture que le mécanicien.

De même, un billet de banque peut être vu comme un morceau de papier, une somme d'argent ou un vecteur d'information. Ces trois descriptions sont exactes, mais elles se situent à différents niveaux d'abstraction.

Les informaticiens ont pris l'habitude de jongler en permanence avec ces différents niveaux d'abstraction. Ils voient le même circuit électronique comme un ensemble de transistors le matin, comme un ensemble de portes logiques le midi, comme la matérialisation d'un algorithme le soir. C'est pour cela que face à un problème nouveau, la première chose que fait un informaticien est d'essayer de trouver le bon niveau d'abstraction pour le décrire.

Les activités techniques de jadis, la céramique, la menuiserie, etc., demandaient surtout une grande agilité manuelle. Avec l'informatique, apparaissent de nouveaux domaines techniques, comme la programmation, ou la conception de circuits, où l'agilité à se placer à différents niveaux d'abstraction prime sur l'agilité manuelle.

## *Et comment pensent les informaticiennes ?*

Terminons ce chapitre par une idée reçue à laquelle nous devons hélas tordre le cou plusieurs fois par jour : cette manière de penser serait spécifique au genre masculin.

Nous assistons, en effet, depuis des années à un désamour entre l'informatique et les femmes, qui sont de moins en moins nombreuses à s'orienter vers des études dans cette discipline. Trop peu de femmes font des études scientifiques en général, et d'informatique en particulier. Pourtant, celles qui tentent une de ces aventures réussissent fort bien.

Les raisons pour lesquelles, dans de nombreux pays, l'informatique attire peu les femmes sont multiples. Dès l'école primaire, des préjugés éloignent les filles des sciences. Nous devons sortir du stéréotype du jeune informaticien, mâle, pathologiquement égocentrique, buvant du coca en mangeant des pizzas froides. Les informaticiens ne sont pas que cela. Ce genre de stéréotype propagé par le cinéma et la littérature n'attire certainement pas les femmes. Enfin, il faut reconnaître que les femmes sont parfois mal accueillies par leurs collègues masculins, comme si ceux-ci craignaient une féminisation de leur profession. Ces raisons sont avancées, d'autres encore. Mais, il faut bien reconnaître que les raisons de ce désamour sont encore mal comprises.

Pourtant, il suffit d'observer l'histoire et la géographie pour se rendre compte qu'il n'a aucun fondement. Ada Lovelace et Grace Hopper figurent en bonne place parmi les pionniers de l'informatique. Les femmes étaient d'ailleurs nombreuses dans les laboratoires où les premiers ordinateurs ont été construits tels Bletchley Park et la Moore School. Dans certains pays, comme la Malaisie, les femmes sont aujourd'hui majoritaires dans les entreprises d'informatique.

Nous constatons ce désamour, nous le déplorons. Nous travaillons à faire de l'informatique un milieu plus accueillant pour toutes et tous, mais avec des résultats encore limités. Des universités prestigieuses comme Berkeley et Carnegie Mellon ont réussi à retourner la situation et à faire grimper le nombre d'étudiantes dans la discipline. Une réussite est donc possible !

## ▪ ADA LOVELACE

Le premier programmeur de l'histoire était une programmeuse.

Ada Lovelace, née à Londres en 1815 et morte en 1852, était la fille du poète Lord Byron et de la mathématicienne Anabella Milanke. Ada Lovelace a été une des premières informaticiennes. Nous pouvons dire qu'elle a réalisé le premier programme informatique écrit et publié comme tel. Ce programme était destiné à la machine analytique construite par Charles Babbage. Au-delà de ce calculateur, Ada Lovelace a été véritablement parmi ces précurseurs qui ont imaginé une machine universelle capable d'exécuter n'importe quel algorithme symbolique.

Le programme qu'Ada Lovelace décrit dans ses notes calcule les nombres de Bernoulli. Ce n'est pas surprenant que ce soit un algorithme mathématique : l'algorithmique prend ses racines dans les mathématiques et Ada Lovelace était elle-même mathématicienne. Plus surprenant, Ada Lovelace envisageait de sortir de ce cadre mathématique. Elle écrit : « La machine pourrait composer de manière scientifique et élaborer des morceaux de musique de n'importe quelle longueur ou degré de complexité. » Le langage de programmation Ada a été ainsi nommé en son honneur.

– Alors, tu as compris ce que c'est un algorithme ?

– Je crois bien, Robot. Tu avais raison, c'est génial !

– Ils vont remplacer les gens pour effectuer les tâches pénibles.

– Mais si les gens n'ont plus rien à faire, comment vont-ils gagner leur vie ?

– Il faudra qu'ils partagent mieux les richesses.

– Tout ira à ceux qui possèderont les algorithmes ?

– Euh... c'est précisément ce qu'il faudrait éviter.

# *En finir avec le salariat*

## *L'auto-stoppeur et le taille-crayon*

En 2002, lors d'une performance-installation, *35 heures de travail*, Benjamin Sabatier a taillé des crayons sept heures par jour, pendant cinq jours. Tailler ainsi des crayons pendant trente-cinq heures est un acte déviant, car la coutume veut que nous utilisions un taille-crayon quelques secondes, pour tailler un crayon, puis que nous le rangions dans un tiroir, jusqu'à ce que nous en ayons besoin à nouveau. De ce fait, un taille-crayon n'est utilisé que quelques minutes par an.

Si chacun, dans notre pays, souhaite être propriétaire d'un taille-crayon, pour l'utiliser, disons, une heure par décennie, nous avons besoin de soixante-six millions de taille-crayons. De fait, nous en achetons six millions chaque année. Mais sept cent cinquante-trois taille-crayons communautaires, utilisés en permanence, suffiraient.

Ce qui est vrai des taille-crayons est vrai, à des degrés divers, de beaucoup d'autres objets, tels les perceuses, les vélos, ou les tondeuses à gazon. Il y a bien sûr des exceptions : les objets qui sont faits pour être utilisés en permanence, tels les régulateurs cardiaques, ou les objets trop personnels pour être partagés, telles les brosses à dent.

Nous pouvons donc nous demander pourquoi nous fabriquons des millions de taille-crayons, alors que quelques centaines suffiraient. L'explication habituelle est que l'usage d'un objet communautaire a un coût additionnel. Par exemple, même si un seul taille-crayon suffirait, en théorie, pour une ville de la taille de Poitiers, traverser la ville toutes les semaines pour aller tailler son crayon à la médiathèque aurait un coût en temps, transport, etc., qui excéderait, de loin, celui de l'achat d'un taille-crayon personnel. De même, s'il est possible de laver son linge dans une laverie automatique, ou si un site web propose de louer sa machine à laver à ses voisins, la norme, dans notre pays, est d'avoir chacun sa machine. Seul le coût des produits très supérieur au coût additionnel de leur partage peut nous amener à déroger à la règle. Ainsi les taille-crayons et les voitures sont individuels, mais les avions sont communautaires.

Cet équilibre est cependant peu à peu remis en cause par la baisse du coût additionnel de l'utilisation de biens communautaires, elle-même due à l'utilisation d'algorithmes pour traiter l'information.

L'utilisation de voitures communautaires, la location de voitures, existe, par exemple, depuis longtemps. Pour louer une voiture, il faut se rendre sur un parking particulier où sont garées de telles voitures, remplir des formulaires avec le personnel de l'agence de location. Cela prend du temps, tout comme la remise des clés et le retour du véhicule. À cause de ce temps dépensé par les deux parties, la location de voitures est longtemps restée chère et relativement marginale. Plutôt que de louer une voiture à chaque fois que nous avions besoin d'effectuer un trajet, nous préférions posséder chacun notre voiture. Voilà pourquoi nous possédons, en France, trente-huit millions de voitures, alors que quelques millions suffiraient pour garantir nos déplacements.

Toutes les tâches réalisées au moment de la location d'une voiture consistent à échanger de l'information : la signature du contrat de location, la signature du contrat d'assurance, la constatation de l'état de la voiture louée ou rendue, même l'échange de clés, qui matérialisent l'identité du détenteur du droit d'utiliser la voiture à un instant donné. Le traitement de cette information peut désormais être effectué par des algorithmes, ce qui conduit à des systèmes, tel Autolib', permettant de louer et de retourner une voiture dans plusieurs centaines de stations à Paris, même au milieu de la nuit, en quelques secondes. Sans ordinateurs et sans algorithmes, le coût en temps et en personnel d'un tel système serait exorbitant.

Un bien est « communautaire » quand un processus d'échange d'information permet à des personnes qui ne se connaissent pas nécessairement de le partager. Le propriétaire du bien peut être une entreprise comme dans le cas d'Autolib'. Mais rien n'empêche qu'un objet soit, à la fois, partiellement communautaire et la propriété d'une personne, même si cela demande un échange d'information plus complexe. Ainsi le co-voiturage permet de rendre partiellement communautaires des voitures qui restent la propriété d'une personne. À nouveau, le co-voiturage est ancien et le co-voiturage du xx$^{e}$ siècle, à l'époque appelé « l'auto-stop », avait un coût additionnel énorme : des heures passées sur le bord de la route, pour transmettre de l'information aux automobilistes : « Je suis ici, je cherche une voiture qui va à Goa. » À nouveau, ce traitement de l'information, plus complexe parce qu'il implique plus de participants, peut être réalisé à moindre coût par un algorithme de mise en relation de personnes.

Ce qui est vrai pour les vélos et les voitures, qui sont des objets manufacturés, est également vrai pour d'autres « objets », tel l'espace. Le volume des logements, à Paris, est, en moyenne, de 150 m$^3$. Les habitants d'un tel logement utilisent cependant cette portion de l'espace à peine la moitié du temps : toute la journée ils sont à l'extérieur, au travail, à l'école, à la crèche, etc., et plusieurs semaines par an, ils sont en vacances, alors que, au même moment, des touristes qui visitent leur ville occupent des hôtels. Les espaces de bureau, même en « espace ouvert », sont également mal utilisés : ils sont vides la nuit et souvent aussi la journée, pour peu que leurs occupants soient en vacances, en mission à l'extérieur de l'entreprise, etc. N'y aurait-il pas une meilleure manière d'utiliser cet espace ?

Avec le télétravail, le temps des algorithmes a ouvert, pour certaines professions, la possibilité de travailler depuis chez soi, ce qui est un premier pas vers une meilleure utilisation de l'espace. Le télétravail permet également d'économiser du temps de transport et, en théorie, de faire plusieurs choses à la fois : travailler et, par exemple, garder ses enfants, pour les jeunes parents. Il s'est imposé dans certaines professions, et de façon peu surprenante d'abord dans les entreprises d'informatique, même s'il présente aussi des inconvénients, par exemple celui d'effacer les repères séparant vie professionnelle et vie personnelle.

Pour la gestion de l'espace, comme pour celle d'une voiture, les coûts additionnels de partage sont des coûts de traitement de l'information et ils baissent quand cette information est traitée par des algorithmes. Avec le télétravail, notre logement devient un espace de bureau, il se transforme en hôtel quand nous le louons à des touristes, en magasin quand nous achetons en ligne, en pizzeria quand nous commandons une pizza, etc.

Mais, plus qu'une meilleure utilisation des taille-crayons, des voitures ou de l'espace, c'est peut-être l'utilisation du temps de travail, qui pourrait « bénéficier » le plus du traitement de l'information à moindre coût.

## *Utiliser le temps de travail*

Certaines entreprises ont, de temps en temps, besoin de traduire un texte d'une langue vers une autre, parce que leurs clients, ou leurs employés, sont situés dans différents pays.

Une telle entreprise a le choix de se mettre en quête d'un traducteur à chaque fois qu'elle a besoin de traduire un texte, ou d'embaucher un traducteur une fois pour toutes. Son choix dépend naturellement du volume de textes à traduire, mais aussi de la facilité à trouver un traducteur. Si elle a un besoin régulier de traductions, elle ne pourra pas, à chaque fois, mettre une petite annonce dans un journal, attendre que des traducteurs se manifestent par courrier postal, leur écrire pour leur proposer un rendez-vous, etc. Elle a intérêt à embaucher un traducteur une fois pour toutes, même si celui-ci est parfois payé à ne rien faire, car il n'a pas assez de textes à traduire.

En revanche, si, comme c'est le cas aujourd'hui, il suffit de taper « agence de traduction » dans un moteur de recherche pour tomber sur le site web d'un traducteur, qui reçoit les textes à traduire par courrier électronique et les renvoie par ce même canal, l'entreprise a tout intérêt à utiliser les services d'un tel traducteur, quand elle en a besoin, plutôt que d'embaucher un traducteur, pour partiellement le payer à ne rien faire.

Même si les acteurs sont différents, le processus est fondamentalement le même que dans l'usage communautaire d'une voiture ou d'un taille-crayon. La baisse des coûts de traitement de l'information permet de mieux utiliser les ressources que constituent la voiture ou le taille-crayon dans un cas, le temps de travail du traducteur dans l'autre.

Ce constat a conduit certains à prophétiser que la baisse des coûts de traitement de l'information aurait comme conséquence la fin du salariat et son remplacement par une autre organisation du travail, où chaque tâche à effectuer serait l'objet d'un contrat ponctuel. Autrement dit: le salariat, au XIXe et au XXe siècle, n'aurait été qu'un moyen temporaire de pallier l'inefficacité du traitement de l'information. Cependant, d'autres insistent sur les limites du champ d'application de ce basculement du travail salarié vers le travail indépendant. Si certaines tâches des entreprises peuvent être externalisées, d'autres requièrent des compétences acquises au sein de l'entreprise, un travail collectif, une organisation complexe. Pour l'entreprise, l'externalisation de travail peut conduire à une perte de qualité et de savoir-faire. Si le travail salarié a encore un avenir, il reste à comprendre dans quels cas il disparaîtra et dans quels cas il perdurera.

Le traducteur, naguère salarié, désormais indépendant, gagne, en théorie, lui aussi une certaine forme de liberté : il n'a plus à subir l'autorité d'un petit chef, il n'est pas contraint de travailler tous les jours de 9 heures à 18 heures, il peut accepter plus ou moins de textes à traduire en fonction de ses besoins et de ses envies. Comment se fait-il alors, que les traducteurs, les chauffeurs de taxis, les journalistes, etc., devenus indépendants regrettent souvent l'époque où ils étaient salariés ?

Il est probable que ce ne soit pas, en soi, la fin du contraignant salariat qu'ils regrettent, mais la fin d'un certain nombre d'avantages qui l'accompagnaient. Un emploi salarié permet en effet d'échanger du travail contre de l'argent, mais c'est aussi une garantie relative contre l'incertitude, en particulier contre l'incertitude de ses revenus. Imaginons deux traducteurs, l'un vers le portugais et l'autre vers le suédois. Si, un certain mois, il n'y a que des textes à traduire vers le portugais, le premier traducteur travaillera et l'autre non. Si le mois suivant, il n'y a que des textes à traduire vers le suédois, ce sera au tour du second d'avoir du travail. Si les deux traducteurs sont indépendants, l'un d'eux aura un revenu le premier mois et l'autre le second. Mais, s'ils sont salariés, ils toucheront chaque mois le même salaire. Autrement dit, le salariat est un moyen, pour les deux traducteurs, de s'assurer mutuellement.

Outre cette mutualisation des gains et des pertes, le salariat est accompagné d'autres formes d'assurances. Par exemple, une entreprise qui verse un salaire à un employé est contrainte, par la loi, de verser des charges sociales, qui apportent au salarié une assurance santé et qui lui permettront d'avoir une retraite.

Enfin, le salariat permet aux employés de s'unir face à l'entreprise, par exemple dans la négociation de leur revenu. Il est plus difficile à deux travailleurs indépendants, un Brésilien et un Lapon, de s'unir pour mieux négocier le prix du feuillet avec les entreprises qui les emploient, d'autant plus que le prix du feuillet est à géographie variable. Si leur organisation pourrait être facilitée, un jour, par ces mêmes techniques de communication qui fragilisent le salariat, aujourd'hui la transformation du travail salarié en travail indépendant s'accompagne souvent pour les travailleurs par un accroissement de la précarité.

## *Les lendemains qui déchantent ?*

Comment donc éviter de fragiliser des populations entières, exclues du salariat ?

Dans certains cas, il peut suffire de montrer que l'informatisation n'est qu'un prétexte pour faire disparaître des avantages sociaux. Par exemple, l'indépendance prétendue des chauffeurs de voitures de transport est davantage un affichage qu'une réalité. L'entreprise Uber, par exemple, distribue les courses, décide de leur prix et du partage des revenus, etc. Elle n'est pas très différente des entreprises de taxis qu'elle prétend remplacer, et la commission du travail de Californie a récemment jugé qu'un chauffeur Uber n'était pas un travailleur indépendant, mais un salarié, ce qui impose un certain nombre de contraintes à l'entreprise qui l'emploie.

Mais, en rétablissant le statut de salarié aux chauffeurs de voitures de transport, la commission du travail de Californie évite la véritable question : comment fournir aux travailleurs indépendants les mêmes garanties contre l'incertitude, la même mutualisation des gains et des pertes, la même assurance santé et les mêmes droits à une retraite qu'aux salariés ?

Il semble que nous ayons, pour cela, besoin d'autres structures, qui jouent le rôle que les entreprises jouaient naguère. La loi pourrait, par exemple, contraindre les personnes, ou les entreprises, qui utilisent les services d'un chauffeur ou d'un traducteur indépendant, à verser des fragments de charges sociales, homologues à celles que les entreprises versent quand elles emploient un salarié, qui financeraient, par exemple, une assurance santé et un droit à une retraite. Les algorithmes pourraient gérer la complexité d'un tel système.

Un obstacle cependant reste la distorsion entre la géographie des lois et celle du travail.

Nous pouvons aussi imaginer qu'un groupe de travailleurs indépendants, par exemple des chauffeurs de voitures de transports, s'auto-organise en une coopérative, qui jouerait alors le rôle de garantie contre les incertitudes, d'assurance maladie, etc. De telles initiatives commencent à émerger.

Une part importante de l'action politique au XXIe siècle consistera sans doute à inventer de nouvelles formes d'organisations sociales, qui offrent des alternatives à la fois au salariat et à la précarité, car le modèle de l'employé salarié toute sa vie d'une même entreprise a vécu.

# *En finir avec le travail*

En prenant l'exemple des métiers de chauffeur et de traducteur, nous avons implicitement supposé qu'il existerait toujours des chauffeurs et des traducteurs. Mais il se peut aussi que ces métiers disparaissent un jour, si des algorithmes permettent de conduire une voiture ou de traduire un texte, aussi bien, voire mieux, qu'un être humain. C'est également vrai pour de nombreux autres métiers. Cette transition fait bien entendu apparaître de nouveaux métiers pour concevoir, déployer, accompagner tous ces algorithmes, mais au bout du compte, nous avons besoin, au temps des algorithmes, de beaucoup moins de travail pour offrir les mêmes objets ou services que naguère.

Du fait de cette diminution de la quantité de travail nécessaire pour effectuer les mêmes tâches, nous devons nous poser la question de la pérennité même de la notion de travail, telle que nous la connaissons aujourd'hui. C'est par exemple le point de vue défendu en 2016 par Andrew Ng, directeur scientifique de l'entreprise chinoise Baidu : « L'avènement de la machine à vapeur et de l'industrie a fait perdre leur travail à de nombreux ouvriers, mais a aussi créé de nouveaux emplois, et des domaines entièrement nouveaux que personne à l'époque n'aurait pu imaginer. Ce changement a eu lieu sur deux siècles ; l'Amérique a eu le temps de s'adapter. Les agriculteurs ont continué à cultiver leurs terres jusqu'à leur retraite, alors que leurs enfants allaient à l'école et devenaient électriciens, contremaîtres, agents immobiliers ou ingénieurs agronomes. Les chauffeurs de camions n'auront pas cette chance. Leurs emplois, comme des millions d'autres, pourraient vite devenir obsolètes. »

## *Petite histoire de la technique et du travail*

Depuis la préhistoire, les femmes et les hommes s'aident d'outils, sagaies, hameçons, filets, meules, faucilles, marteaux, etc., pour effectuer les tâches nécessaires à leur survie en fournissant moins de travail. Par rapport à la pêche à la ligne, un filet permet de pêcher davantage de poisson, en travaillant moins longtemps. Sa fabrication, en revanche, demande un certain travail. Un pêcheur qui fabrique un filet sacrifie donc, dans un premier temps, une certaine force de travail, à la fabrication du filet, afin de pouvoir, dans un second temps, pêcher davantage de poissons avec moins d'effort. En cela, un outil constitue un « capital ».

Certains outils, tels les moulins à eau, utilisent une source d'énergie externe qui leur donne une certaine autonomie et sont, de ce fait, qualifiés de « machines ». De telles machines ont été utilisées massivement, depuis la fin du XVIII^e^ siècle, pour fabriquer des objets, étoffes, céramiques, etc., auparavant fabriqués à la main.

Dans une période de transition, le XIX^e^ siècle et le début du XX^e^, ces objets étaient encore construits par des êtres humains, aidés de machines, dans des usines. Les ouvriers croyaient sans doute utiliser ces machines, mais, en pratique, c'était souvent eux qui s'adaptaient à elles, selon les principes du taylorisme.

Nous sommes progressivement sortis du taylorisme dans la seconde moitié du XX^e^ siècle avec l'automatisation complète des usines et la disparition du travail à la chaîne. L'époque où, pour fabriquer une voiture, il suffira de déposer quelques cubes de matériaux, métal, plastique, etc., à une extrémité d'une usine entièrement robotisée et d'attendre que la voiture sorte à l'autre extrémité n'est pas loin. Déjà, l'assemblage d'une voiture demande aujourd'hui moins de trente heures de travail d'un ouvrier, alors qu'elle en demandait encore quarante en 1980. Pour les petites pièces, les imprimantes 3D permettent de diminuer les temps de fabrication encore davantage.

Depuis la fin du XVIII^e^ siècle, l'usage de machines pour fabriquer des objets a transformé nos manières de travailler. Les métiers les plus transformés ont longtemps été exclusivement des métiers manuels, et, parmi les métiers manuels, les moins qualifiés. La machine à laver le linge a par exemple fait disparaître le métier de blanchisseuse. Mais les métiers manuels très qualifiés et les métiers intellectuels ont peu été transformés. Un robot pouvait peindre une voiture, mais nous l'imaginions plus difficilement faire des effets de manche devant une cour d'assises, réaliser une opération à cœur ouvert ou faire un cours sur la relativité générale.

Toutefois, nous devons sans doute reconsidérer nos préjugés : les avocats, les médecins, les enseignants, et autres travailleurs « intellectuels », seront bientôt eux aussi partiellement remplacés par des algorithmes. Ces métiers comportent, en effet, une grande part de travail répétitif comme la recherche de jurisprudence, la rédaction d'ordonnances, souvent similaires les unes aux autres, la correction de copies. Nous savons aujourd'hui automatiser certaines de ces tâches et nous saurons en automatiser davantage dans dix ou vingt ans. Des algorithmes assistent les humains et les remplacent déjà en partie. Et le nombre d'heures d'avocats, de médecins, de professeurs, etc., dont nous aurons besoin pour effectuer les mêmes tâches diminuera.

## ▪ L'ENSEIGNEMENT EN LIGNE

Les évolutions de l'enseignement en ligne illustrent bien les transformations possibles d'un métier « intellectuel », tel le métier d'enseignant.

Une première fonction des enseignants est de faire cours face à un auditoire. Cet auditoire est souvent limité, par la taille des amphithéâtres, à quelques centaines d'étudiants. Si bien que des centaines d'enseignants répètent des cours assez similaires, d'une université à l'autre. Une première transformation possible consiste à filmer ces cours et à les diffuser sous forme de vidéos. Une autre fonction des enseignants consiste à faire faire des exercices aux étudiants. Ici, un algorithme peut parfois, mieux qu'un enseignant, analyser le niveau d'un étudiant, les points qu'il a compris et ceux qu'il doit encore approfondir et lui proposer des exercices « sur mesure ». Enfin une dernière fonction est de corriger des copies. Ce travail peut être diversement remplacé par un algorithme. Il est plus difficile de faire corriger une dissertation qu'un questionnaire à choix multiples, même si les deux sont possibles.

Les humains restent cependant meilleurs que les algorithmes sur deux points : l'enseignement par projet, qui demande de comprendre les objectifs des étudiants pour les guider dans la réalisation de ces objectifs. Surtout, les enseignants sont meilleurs que les algorithmes pour apprendre aux étudiants à apprendre. L'enseignement en ligne convient donc bien mieux à des étudiants en troisième année à l'université, qui savent déjà organiser leurs apprentissages, qu'aux élèves de collège, qui n'ont pas encore appris à le faire.

L'enseignement en ligne peut se substituer à l'enseignement traditionnel quand les enseignants ne sont pas assez nombreux, par exemple dans des pays en développement, ou que les compétences manquent localement sur des sujets pointus. Il propose une transformation radicale des méthodes d'enseignement, libérant les enseignants de tâches peu gratifiantes comme de répéter le même cours année après année, pour leur permettre de se focaliser sur l'encadrement individuel des élèves. L'enseignement en ligne est un moyen de faire des économies. C'est aussi un moyen d'améliorer la transmission des connaissances d'une génération à la suivante.

---

## *Produire plus et travailler moins ?*

Que se passe-t-il quand la productivité augmente ainsi ? À cette question, deux réponses, au moins, sont possibles. Certains, tels Paul Lafargue ou Bertrand Russell, voient dans cette augmentation de la productivité une possibilité pour les hommes de produire autant en travaillant moins, et de « ne travailler que trois heures par jour [et] fainéanter et bombancer le reste de la journée et de la nuit», pour reprendre les mots de Lafargue. D'autres, au contraire, y voient une possibilité de produire davantage en travaillant autant. Et, quand nous observons les révolutions techniques passées, il n'est pas si facile de savoir à qui l'histoire donne raison.

Par exemple, en 1800, les agriculteurs représentaient, en France, deux tiers de la population active. Ils sont aujourd'hui quinze fois moins. Mais l'augmentation de la productivité dans l'agriculture n'a conduit ni à diviser le temps de travail des agriculteurs par quinze ni à permettre à quatorze agriculteurs sur quinze de fainéanter et de bombancer, pendant que le quinzième travaillait. Elle a conduit à ce que quatorze agriculteurs sur quinze changent de métier et fabriquent autre chose que des denrées alimentaires : des locomotives, des ampoules, des médicaments, etc., et comblent ainsi d'autres de nos besoins et désirs : nous déplacer, nous éclairer, nous soigner, etc. L'histoire donnerait donc plutôt raison à ceux qui voient dans l'augmentation de la productivité une occasion de fabriquer plus en travaillant autant et dans la fin du travail un mythe.

Ce constat doit cependant être nuancé par au moins trois observations. La première est que, par exemple en France, sur 66 millions de personnes, 24 millions, soit un peu plus du tiers, travaillent. Le reste fainéante ou étudie : 12 millions de personnes ont moins de seize ans, 11 millions ont plus de soixante-quatre ans, 13 millions sont inactives, dont une partie étudient, 6 millions sont au chômage. La scolarité obligatoire, l'allongement des études au-delà de cette scolarité obligatoire et la retraite permettent donc à plusieurs dizaines de millions de personnes de ne pas travailler. Par ailleurs, ces 24 millions de personnes travaillent relativement peu, comparés aux travailleurs du XIXe siècle : en moyenne un peu plus de trente-cinq heures par semaine, avec cinq semaines de congé par an. Enfin, et surtout, une part non négligeable exercent un métier, chercheur, enseignant, etc., qui était jadis considéré comme un loisir. Il est certes difficile d'expliquer, par exemple à un enseignant surmené, ou d'ailleurs aux auteurs de ce livre, qu'ils s'adonnent à des loisirs. Il n'en reste pas moins que le mot *σχολή*, dont provient le mot « école » , signifie « loisir ». Nous avons donc assisté, par le passé, à une baisse du temps véritablement travaillé et une diminution plus drastique encore, à l'avenir, est probable.

L'observation du passé nous mène donc à des conclusions contrastées. De plus, rien, sinon notre paresse intellectuelle, ne nous permet de penser que notre futur sera identique à notre passé. Par le passé, l'augmentation de productivité dans un secteur a conduit à l'émergence d'un autre, qui comblait des besoins et des désirs auparavant insatisfaits, voire inconnus. L'augmentation de la productivité dans l'agriculture a accompagné l'émergence de l'industrie, l'augmentation de la productivité dans l'industrie, celle du secteur des services. Quel secteur productif pourrait émerger quand nos besoins en denrées alimentaires, en produits manufacturés et en services seront satisfaits par des machines ? En caricaturant un peu, les paysans ont été transformés en ouvriers, les ouvriers en chauffeurs de taxis, mais en quoi les chauffeurs de taxis seront-ils transformés quand les voitures rouleront sans chauffeur ? Que trouverons-nous d'autre à produire que des denrées alimentaires, des produits manufacturés et des services ?

Une forte diminution du besoin de force de travail n'est donc peut-être pas du domaine du mythe. Elle est possible. Elle est sans doute déjà partiellement réalisée. Est-ce une bonne nouvelle ?

## *La libération du travail*

Nous pouvons voir cette fin du travail comme une libération. Après tout, le travail n'est-il pas présenté dans la Bible comme une punition ? « C'est à la sueur de ton front que tu mangeras du pain, jusqu'à ce que tu retournes à la terre d'où tu as été tiré : car poussière tu fus, et poussière tu redeviendras ! » En attendant une victoire sur la mort, ne pourrions-nous pas nous contenter d'être débarrassés du travail ? Et quel Robinson, affamé et condamné à pêcher douze heures par jour pour pouvoir se nourrir à peine, se désolerait de trouver, sur son île, une corne d'abondance, qui lui fournirait chaque jour des poissons charnus, des rôtis fumants, des vins fins et des fruits savoureux ?

Mais, précisément parce que nous ne vivons pas sur une île déserte, cette fin du travail n'est pas forcément une bonne nouvelle pour tout le monde. En effet, depuis que nous utilisons des outils, se pose la question de la répartition des richesses produites entre les fournisseurs du travail et ceux des outils – du capital – nécessaires à cette production, par exemple, entre le pêcheur et le propriétaire du filet. Naguère, pêcher un poisson demandait certes un filet, mais surtout du travail, construire une voiture demandait certes des usines sophistiquées, mais surtout du travail en quantité. Les ouvriers fournissaient donc une chose rare et recherchée et cela leur donnait un certain pouvoir de négociation, face aux propriétaires des usines. La fin du travail perturbe cette répartition des richesses entre les fournisseurs de capital et de travail : aujourd'hui, les propriétaires des usines peuvent à peu près se passer d'ouvriers. Et ils partagent assez rarement les bénéfices de l'augmentation de la productivité due à l'automatisation de leurs usines, avec les ouvriers qu'ils viennent de licencier. Au temps des algorithmes, le gâteau est donc plus gros, mais beaucoup en obtiennent une part plus petite, en valeur relative, et même en valeur absolue.

C'est pour cela que depuis la fin du XVIII^e siècle, les ouvriers se sont parfois, comme lors de la révolte des luddites, en 1811-1812, opposés à la mécanisation du travail, qui, si elle est un progrès pour l'humanité en général, peut être une régression pour eux. Quand, lors de cette révolte, les employés du textile ont brisé les premiers métiers à tisser mécaniques, ce n'était pas par détestation de la mécanisation, ni parce que travailler dix-huit heures par jour sur des métiers à bras les enchantait, c'est parce que l'introduction de ces métiers mécaniques les mettait au chômage.

Il est certes plus difficile aujourd'hui aux facteurs de briser les serveurs et de déterrer les fibres optiques qui acheminent le courrier électronique, mais il n'est pas exclu que, bientôt, les chauffeurs de taxis et voitures de transport brisent les premiers véhicules sans chauffeurs. Si, demain, nous découvrions une corne d'abondance qui fournirait du poisson à l'humanité entière, les pêcheurs tenteraient peut-être de la briser, car il faut que l'humanité ait faim pour que le métier de pêcheur garde son utilité. Briser les machines est certes une action à courte vue, mais c'est une action rationnelle.

Imaginons un cas extrême : que nous n'ayons plus besoin du tout de travail pour fabriquer notre nourriture, nos vêtements, nos moyens de transports, etc., que ces objets sortent d'une corne d'abondance. Les propriétaires de cette corne d'abondance pourraient-ils garder pour eux seuls le revenu que leur procure la vente de ces objets ? La notion de propriété est ainsi questionnée par le remplacement, même partiel, des travailleurs humains par des machines.

C'est, vraisemblablement, ce genre de questions qui seront au centre de la pensée politique au XXIe siècle, même si ponctuellement l'attention se portera sur la « défense » des intérêts de telle ou telle corporation : ouvriers du textile, facteurs, musiciens ou chauffeurs de taxis, dont le progrès technique aura fait disparaître le revenu. À chaque époque de l'histoire, l'évolution des techniques a changé les cadres de la pensée politique : pas d'Hamurabi sans écriture, de Luther sans imprimerie, de Marx sans machine à vapeur, et la question politique essentielle qui se pose à nous n'est pas celle de la diminution du chômage ou du devenir des facteurs, mais celle de la répartition des richesses créées, sans travail, par des robots et des algorithmes.

Nous commençons à voir émerger ces questions, au moins de manière ténue, dans déjà deux évolutions récentes du contrat social : le revenu universel et l'économie de la gratuité.

Un revenu universel a été mis en place dans différents pays. Il a partiellement été mis en place, en France, à travers le revenu minimum d'insertion et le revenu de solidarité active. Ces allocations continuent à être très faibles, à être perçues comme temporaires et à avoir comme finalité l'insertion dans le monde du travail ou le retour à l'activité de leurs bénéficiaires. Elles constituent cependant peut-être l'amorce d'une vision positive du chômage selon laquelle il n'est pas nécessaire que tout le monde travaille, ni que tout le monde travaille tout le temps. La solution miracle au problème du chômage, recherchée désespérément par nos gouvernements successifs, n'est peut-être pas de remettre les oisifs au travail, mais de leur permettre d'être des oisifs heureux.

Le temps des algorithmes questionne aussi la propriété avec l'émergence d'une économie de la gratuité.

# *En finir avec la propriété*

D'où vient cette idée, apparemment paradoxale, d'une économie de la gratuité ?

Quand une personne mange une pomme, conduit une voiture ou utilise les services d'un jardinier, elle empêche une autre personne de manger cette même pomme, de conduire cette même voiture ou d'utiliser ces mêmes services. Cela fait des pommes, des automobiles et des services des jardiniers des biens « rivaux ». Plus nous sommes à partager un bien rival, tel un gâteau, plus la part de chacun est petite. En revanche, avec un bien non rival, la taille de la part de chacun ne change pas. Les biens non rivaux existent depuis longtemps, écouter la radio, par exemple, n'a jamais empêché personne d'autre de le faire, mais ils étaient naguère plutôt rares. Au temps des algorithmes, les livres, les disques, les films, etc., sont devenus numériques, duplicables à coût nul et donc non rivaux. Par ailleurs, de nouveaux biens non rivaux sont apparus comme les algorithmes ou les programmes.

Selon les lois du marché, le prix d'un bien est le coût d'un exemplaire supplémentaire. Ce coût est nul pour les biens non rivaux, ce qui conduit à leur gratuité.

## *La propriété des biens non rivaux*

Le temps des algorithmes est celui du partage de ressources numériques gratuites. Ces ressources ont déjà envahi de nombreux espaces : la recherche avec les archives ouvertes d'articles scientifiques, telles HAL et arXiv, l'éducation avec les cours en ligne, la diffusion de connaissances avec les encyclopédies coopératives et gratuites, telles que Wikipédia, les données cartographiques avec OpenStreetMap, le gouvernement avec le mouvement des données ouvertes, etc.

Un livre en papier est déjà partiellement non rival : le fait qu'une personne le lise n'empêche pas une autre personne de le lire également, à condition que ce soit à un moment différent, et cette non-rivalité partielle est exploitée par les bibliothèques de prêt, qui organisent un partage temporel, presque gratuit, de ces livres. Un livre numérique, en revanche, est duplicable et totalement non rival : le même livre peut être lu par de multiples lecteurs, sans aucune contrainte temporelle.

Il est possible de rendre les livres électroniques artificiellement rivaux, en introduisant des dispositifs techniques complexes, et peu efficaces, de gestion des droits numériques.

C'est ce qui est parfois fait pour garantir la rémunération des créateurs et le revenu des maisons d'édition.

Si nous oublions quelques instants les questions économiques et techniques et celle de la rétribution des auteurs, sur laquelle nous reviendrons, il est difficilement défendable, sur un plan purement moral, de priver une personne du droit de lire un livre, quand la lecture de ce livre par une personne additionnelle n'induit aucun coût.

## *Les algorithmes et les programmes*

Comme un livre numérique, un algorithme peut être utilisé par une personne sans que cela prive quiconque de l'utiliser. Un algorithme est donc un bien non rival, une corne d'abondance, et il est sans doute déraisonnable que son inventeur puisse en être propriétaire et en tirer un revenu éternel. De fait, les lois limitent la possibilité d'être propriétaire d'un algorithme. Les lois sur les brevets limitent, dans le temps, la propriété sur une invention en général. Dans de nombreux pays, elles excluent, en outre, les algorithmes du champ des inventions brevetables.

Un programme est également un bien non rival et aux débuts de l'informatique, les rares utilisateurs de programmes les échangeaient librement. Dans les années soixante-dix, cette situation a changé du fait de la compétition entre les entreprises qui produisaient des logiciels. La distribution de logiciels jusqu'alors en code source, lisible par un humain, commença alors à se faire en binaire, résultat de la compilation du code source, interprétable uniquement par une machine. Cela rendit la modification de ces logiciels impossible. En réaction, naquit, au début des années quatre-vingt, le mouvement du logiciel libre.

En réalité, deux mouvements distincts coexistent : les mouvements du logiciel libre et du logiciel ouvert. Le mouvement du logiciel libre considère que les libertés d'utiliser un logiciel, de l'étudier, de le modifier et d'en redistribuer des copies, modifiées ou non, sont des libertés fondamentales. Ce mouvement est donc essentiellement éthique. Le mouvement du logiciel ouvert fait des propositions quasiment identiques, mais pour des raisons tout à fait différentes : pour permettre, indépendamment de toute considération éthique, le développement, par de vastes communautés, de logiciels plus efficaces et plus fiables. L'accent est donc mis sur des notions pratiques, que les entreprises ont plus de facilité à intégrer à leur mode de pensée.

Il est fascinant d'observer que ces mouvements aboutissent à proposer des licences logicielles, les contrats qui lient le créateur et l'utilisateur d'un logiciel, aussi proches, à partir de motivations aussi différentes. Le plus remarquable, dans cette histoire, est peut-être d'arriver à si bien concilier ces considérations éthiques et pratiques.

## RICHARD STALLMAN

Richard Matthew Stallman (né aux États-Unis en 1953) est l'un des plus célèbres militants du logiciel libre. C'est un programmeur de talent qui a développé de nombreux logiciels libres, notamment des éditeurs et des compilateurs.

Stallman a conçu la licence de logiciel libre GPL pour «*General Public License*». Il est aussi l'inventeur du concept de *copyleft*, qui utilise les principes du droit d'auteur afin de préserver le droit d'utiliser, de modifier et de distribuer le logiciel libre. Il est très actif également sur le front de la gestion des droits numériques.

---

De nombreuses licences permettent ainsi aux auteurs d'un logiciel, d'un livre, d'une pièce de musique, etc., d'en autoriser gratuitement certaines utilisations.

## *Gratuit mais lucratif*

Cet affaiblissement de la notion de propriété nous mène cependant à une question : comment les créateurs, informaticiens, musiciens, etc., peuvent-ils vivre, s'ils abandonnent toute propriété sur les objets qu'ils produisent, et donc tout revenu lié à cette propriété ? Des mécanismes économiques ont donc été inventés pour rétribuer les auteurs de biens duplicables à coût nul.

Un exemple est la distribution de musique sur des plateformes, dont les utilisateurs paient un abonnement forfaitaire. Écouter une pièce supplémentaire ne leur coûte rien, mais la plateforme reçoit cependant de l'argent qu'elle peut redistribuer aux musiciens. Les motivations des abonnés sont le plus souvent d'avoir accès simplement à un grand nombre de morceaux de musique et de pouvoir découvrir des artistes à coût nul, même si, pour certains, cela peut se combiner avec le désir de soutenir financièrement des artistes.

Les exemples les plus intéressants de nouveaux modèles économiques sont, sans doute, les mécanismes qui permettent de développer des logiciels libres ou ouverts tout en rémunérant leurs créateurs. Certaines entreprises développent des logiciels et les distribuent gratuitement, pour des raisons qui sont loin d'être altruistes. Cela peut être par pure stratégie commerciale : le *freemium*, par exemple, consiste à offrir un logiciel gratuitement pour conquérir un vaste marché, puis à vendre des versions haut de gamme de ce même logiciel. Une entreprise peut aussi donner un accès gratuit à un produit qu'elle a développé et faire payer des services autour de ce produit, par exemple des formations pour apprendre à l'utiliser.

Une entreprise peut aussi ouvrir le code d'un logiciel simplement pour encourager des développeurs à améliorer ce logiciel, par exemple en corrigeant ses erreurs ou en complétant ses fonctionnalités, ce dont elle bénéficiera en retour. De nombreuses licences logicielles obligent d'ailleurs les utilisateurs de ces logiciels à partager gratuitement les améliorations qu'ils leur apportent. Un grand nombre d'entreprises se retrouvent ainsi autour du codéveloppement d'un grand logiciel, voire d'une suite de logiciels qui partagent une norme commune.

Les plateformes de développement coopératif jouent ici un rôle essentiel pour rendre possible le codéveloppement d'un grand logiciel, par de nombreux développeurs, souvent répartis sur les cinq continents. Elles ont permis de créer des logiciels gigantesques, qu'aucune entreprise n'aurait peut-être réussi à développer seule. La comparaison avec la construction d'une cathédrale n'est pas ici exagérée.

Ces nouveaux modèles économiques ne sont donc pas uniquement des phénomènes solidaires et libertaires. Ce sont aussi de véritables nouveaux modes de développement industriel, qui annoncent peut-être un déclin, sinon une disparition, de la notion de propriété.

## *Le vainqueur remporte le tout*

Cependant, la propriété n'a pas encore rendu les armes et, à côté de ce secteur de l'économie des logiciels libres, des plateformes coopératives et des biens communs, existe un autre secteur de l'économie, où des conditions similaires mènent à des situations très différentes : les entreprises géantes que sont Google, Apple, Facebook, Amazon, Netflix, Airbnb, Tesla, Uber, Booking, etc.

Étrangement, ce sont les mêmes conditions de non-rivalité, même d'« anti-rivalité », des biens, qui ont permis l'émergence de ces entreprises géantes. Par exemple, les coûts d'une entreprise qui gère un réseau social sont essentiellement des coûts de développement logiciel et, comme un logiciel est un bien non rival, ce coût est le même, que le nombre d'utilisateurs soit mille, un million ou un milliard. Les coûts proportionnels au nombre d'utilisateurs, comme ceux des serveurs ou des disques, sont souvent négligeables. Et, quand nous nous inscrivons à un tel réseau social, nous préférons un réseau qui a un milliard d'abonnés à un réseau qui en a un million, car tous les amis avec qui nous souhaitons communiquer y sont probablement déjà.

Les services d'un réseau social sont donc non rivaux et même anti-rivaux : plus nous sommes à partager le gâteau, plus la part de chacun est grande – plus nous sommes à utiliser un réseau social, plus notre réseau personnel, au sein de ce réseau social, est grand. De telles forces poussent à ce qu'il n'y ait qu'un seul réseau social, qu'une seule librairie en ligne, qu'une seule plateforme de location de chambres d'hôtel, etc. Au temps des algorithmes, l'équilibre concurrentiel est remplacé par une autre loi : le vainqueur remporte le tout... jusqu'à être détrôné par un nouveau vainqueur, plus jeune et plus innovant. Cet effet s'applique aux entreprises qui fabriquent des biens immatériels, mais aussi paradoxalement en partie à des entreprises qui fabriquent des biens matériels : par exemple, l'automatisation des usines a fait que le coût de fabrication d'une voiture supplémentaire est faible, comparé au coût de conception d'un nouveau modèle.

Il n'y a pas de fatalité à ce mouvement naturel vers le monopole, mais les solutions comme l'application de lois antitrusts ou la définition de normes d'interopérabilité, se révèlent difficiles à mettre en place dans une économie mondialisée.

Ces deux modèles économiques nous semblent bien éloignés : d'un côté une économie de la gratuité, de l'autre d'immenses profits. Mais, au fond, sont-ils si incompatibles ? Wikipédia, par exemple, est une entreprise sans but lucratif, mais qui « remporte le tout » sur le marché des encyclopédies en ligne, en s'imposant quasiment comme l'unique encyclopédie. Google fait d'immenses profits, mais *Google search, Google maps, Youtube, gmail*, etc. sont des services gratuits. Nous reviendrons sur ce paradoxe, quand nous évoquerons les données personnelles et leur marchandisation sur un marché « biface ». Au-delà des intentions de leurs fondateurs, la seule différence fondamentale qui semble exister entre les entreprises Booking et Wikipédia est que l'une parvient à vendre un bien non rival, quand l'autre s'y refuse.

## SERGUEI BRIN ET LARRY PAGE

L'algorithme Pagerank, conçu par Serguei Brin et Larry Page, les deux fondateurs de Google, a pour but de classer les résultats d'une requête à un moteur de recherche.

Quand nous formulons la requête : « Elvis Presley », le moteur de recherche sélectionne les pages web qui contiennent ces deux mots. Il y en a des millions et, parmi elles, il doit en sélectionner un petit nombre pour les afficher sur la première page de résultats. Google search, dans ses premières versions, sélectionnait les résultats les plus « populaires », à l'aide d'un algorithme relativement simple, Pagerank, dans lequel chaque page transfère un peu de sa popularité aux pages qu'elle référence. Une page est donc d'autant plus populaire qu'elle est référencée par de nombreuses pages populaires.

– Alors Robot, les algorithmes vont devenir califes à la place du calife ?
– Je t'ai expliqué que les algorithmes étaient conçus par les humains. C'est donc aux humains de dire ce qu'ils veulent, et je doute que vous vouliez être commandés par des algorithmes. Tu voudrais m'obéir ?
– Rêve ! Tu continueras à me servir. Et quand je serai Présidente de la République, tu m'aideras ?
– C'est ce dont nous allons parler maintenant.

# *Gouverner au temps des algorithmes*

## *L'informatisation de l'administration*

Nous avons tous une expérience de l'informatisation de l'administration, à travers, par exemple, la déclaration de nos revenus en ligne ou l'informatisation de nos feuilles de soin, avec la carte Vitale. Dans certaines communes, les citoyens peuvent aussi, par exemple, signaler les revêtements de chaussées détériorés sur un site web, afin qu'ils soient réparés.

Cette informatisation permet de simplifier l'administration et de la rendre plus efficace. Comme dans les entreprises, l'utilisation d'un système d'information permet de diminuer certains coûts, tels ceux d'une flotte de véhicules, en optimisant sa gestion. Cette informatisation s'accompagne d'une réduction du nombre de fonctionnaires nécessaires pour offrir le même service au public. Il s'agit donc d'un autre exemple de remplacement de l'homme par la machine.

Cette informatisation rend aussi parfois l'administration plus juste, car elle peut plus facilement que des personnes, avec leurs habitudes et leurs préjugés, imposer que la même règle s'applique à tous.

L'informatisation de l'administration présente cependant des risques pour les citoyens les plus vulnérables, par exemple quand certaines demandes de prestations sociales doivent être effectuées en ligne, alors que les bénéficiaires potentiels de ces prestations sont parmi les personnes les moins connectées. Une majorité de citoyens a désormais accès au réseau Internet, mais pour la minorité qui n'y a pas accès, cette exclusion est chaque jour plus handicapante : elle conduit souvent à une marginalisation culturelle, sociale et économique. Nous devons veiller à ce que l'informatisation de l'administration n'aggrave pas ces inégalités.

Le droit à une connexion et le droit aux connaissances nécessaires pour l'utiliser font désormais partie des droits fondamentaux.

## *La participation des citoyens à la vie démocratique*

La pensée informatique, nous l'avons vu, décrit de nombreuses activités humaines comme de simples échanges d'information. Le gouvernement des états et des collectivités locales est l'un des domaines dans lesquels cette vision est la plus exacte : dans les boulangeries nous transformons de la farine en pain, dans les usines du métal brut en voitures, mais dans le gouvernement des États et des collectivités locales, nous ne transformons que de l'information. Le maire d'une ville peut, en effet, parfois avoir l'impression de planter des arbres ou de construire des crèches, mais en réalité ce sont les jardiniers et les maçons qui le font. Le maire ne fait que parler, convaincre, décider, arbitrer, etc. Il touche rarement une pelle ou une truelle. Les institutions politiques sont des processus purement informationnels.

Différents systèmes politiques : dictature, démocratie directe, démocratie représentative, etc., ne sont que différentes manières d'organiser les échanges d'informations. Dans une dictature, l'information descend du dictateur au peuple. Dans une démocratie directe, l'information est transmise de l'assemblée des citoyens aux personnes en charge d'appliquer les décisions. Dans une démocratie représentative, le flot d'information est plus complexe encore : des candidats aux citoyens, sous la forme de programmes, des citoyens aux agents chargés du décompte des voix, lors des élections, enfin des représentants élus aux personnes en charge d'appliquer les décisions.

Dans l'analyse de ces systèmes, une question essentielle est celle de la quantité d'information échangée par les agents. Si tous les cinq ans, par exemple, nous votons pour élire le chef de l'État, parmi trente-deux candidats, chaque citoyen transmet à la collectivité cinq bits d'information à chaque élection – car $32 = 2^5$. Le débit d'information du citoyen vers la collectivité est donc de cinq bits tous les cinq ans, soit un bit par an. En ajoutant les élections législatives, locales, etc., les élections, dans leur ensemble, constituent un canal de communication dont le débit est de cinq ou six bits par an, soit, pour employer une unité plus courante, de l'ordre de 0.0000001 bit par seconde. Par comparaison, le débit montant de notre box domestique est de quelque dix mille milliards de fois supérieur.

Il n'est pas difficile de comprendre pourquoi nos institutions s'appuient sur des canaux de communication au débit aussi faible : elles ont été conçues au début du XVIII^e^ siècle, époque à laquelle organiser des élections générales, environ une fois par an, était le maximum que nous puissions faire. Ce n'est donc pas uniquement parce que les inventeurs de la notion de régime représentatif étaient convaincus de l'incapacité des peuples à se gouverner eux-mêmes, mais aussi à cause de l'insuffisant développement des techniques de communication, que ce débit d'information est si faible.

Avec un débit aussi faible pour exprimer nos souhaits relatifs à la diplomatie, à l'armée, à la justice, à la police, à l'école, à la recherche, à la santé, à l'agriculture, au logement, à l'industrie, à l'économie, etc., nous devons utiliser un algorithme de compression, qui permet de réduire la taille d'un message – souvent en l'appauvrissant ou en le déformant – afin de permettre sa transmission, malgré le faible débit du canal. Nous résumons nos souhaits relatifs à tous ces sujets par une courte phrase : « Sur toutes ces questions, je suis d'accord avec tel candidat. » C'est un exemple paradigmatique de compression avec perte : la taille du message est considérablement réduite mais son contenu terriblement appauvri, car il est improbable que nous soyons d'accord, sur toutes ces questions, avec ce candidat. Compresser ainsi le message exprimant nos souhaits est précisément ce que nous faisons quand nous glissons un bulletin de vote dans une urne. Le cas le plus extrême de compression de l'information est de résumer nos souhaits par un seul bit: « de gauche » ou « de droite », voire deux en ajoutant l'adjectif « modérée » ou « radicale ».

L'augmentation, depuis la fin du XXe siècle, des débits de communication a rendu obsolète cette manière d'exprimer nos souhaits. Nos institutions bicentenaires et leurs algorithmes de compression, qui résument ces souhaits aussi caricaturalement, sont devenus anachroniques. Cela explique, par exemple, que les nouveaux moyens de communication aient favorisé le développement, à côté des partis traditionnels, de partis politiques focalisés sur des questions particulières, comme le droit au logement, les droits des migrants, les droits des malades, partis qui n'existaient pas dans la première moitié du XXe siècle, avec la notable exception des partis féministes et écologistes. Il n'est d'ailleurs pas surprenant que ces partis aient été les premiers à s'appuyer sur le Web.

Nos institutions cependant continuent à demander aux citoyens de compresser, en simplifiant toujours autant, leurs souhaits, alors qu'il est devenu possible de faire autrement. De manière plus générale, nous utilisons peu, dans le gouvernement des États et des collectivités locales, les possibilités qui, au temps des algorithmes, nous sont offertes. Cette inadaptation des institutions à l'avancée des techniques, dans un monde devenu par ailleurs beaucoup plus complexe, participe à leur obsolescence, et au-delà, à la défiance grandissante des citoyens à leur égard.

Les institutions que nous inventerons au XXIe siècle favoriseront, sans doute, des flux d'information plus importants et nous voyons d'ailleurs déjà émerger quelques expériences qui vont dans ce sens. En Inde, par exemple, une initiative de l'organisation Janaagraha, le projet IPaidABribe encourage les citoyens à lutter contre la corruption, en dénonçant sur le Web les pots-de-vin qu'ils ont payés.

Les consultations en ligne, au cours de la préparation d'une loi, telle la loi pour une République numérique, vont dans ce même sens de permettre aux citoyens d'émettre une plus grande quantité d'information en direction de la collectivité. Un tel processus, consultatif et non décisionnel, reste insuffisant. Nous pouvons, par exemple, regretter que la loi pour une République numérique finalement votée ne tienne pas suffisamment compte des opinions exprimées : dans ce cas particulier, les nombreuses contributions sur les communs ont, par exemple, été finalement ignorées. Reste que cette loi a été beaucoup discutée par les citoyens et que son texte est sans doute différent de ce qu'il aurait été, s'il avait été rédigé sur un coin de table, par quelques experts, avant d'être voté au milieu de la nuit. De telles initiatives de démocratie participative vont dans le bon sens, même si elles restent encore timides et trop rares.

## *L'information des citoyens*

La quantité d'information émise par les citoyens est une question importante. Celle de la quantité d'information reçue par les citoyens, en provenance des gouvernements et des autres citoyens, l'est tout autant. L'information des citoyens est, par exemple, essentielle au bon fonctionnement des régimes représentatifs : si les citoyens ne sont pas correctement informés, leur vote n'a aucune signification.

Les gouvernements disposent désormais de moyens efficaces pour informer les citoyens, même s'ils sont encore loin de les utiliser pleinement. Par exemple, nous avions l'habitude que les données publiques, tels les budgets des trente-six mille communes de France, soient inaccessibles, essentiellement parce que, avant le temps des algorithmes, publier ces informations aurait eu un coût prohibitif. Mais, aujourd'hui, ce coût est devenu négligeable et nous acceptons mal que ces informations ne nous soient pas accessibles.

L'ouverture des données publiques repose sur une philosophie d'accès libre à des informations, vues comme des biens communs, dont la diffusion est d'intérêt général. Cette notion de bien commun est la même que celle qui sous-tend les logiciels libres et, par exemple, le projet Wikipédia. Dans le domaine public, ce mouvement des données ouvertes a ses racines, aux États-Unis, dans le Freedom of Information Act de 1966, et il est devenu véritablement massif, depuis quelques années, notamment avec le site Web data.gov. Ce site donne aux citoyens étatsuniens accès à des données produites par le gouvernement fédéral. Ils peuvent par exemple y suivre, en détail, les dépenses de leur gouvernement. Le mouvement des données ouvertes est plus récent en France, où il s'est d'abord développé à l'initiative de quelques municipalités, notamment Rennes, avant de s'accélérer en 2011, avec la « Mission Etalab ».

Les informations diffusées par les journaux, la télévision, etc., sont, de leur côté, devenues plus massivement et plus longtemps disponibles. Les citoyens reçoivent également des informations des autres citoyens, par les réseaux sociaux, les blogs, les forums, etc. De telles informations « horizontales » ont joué un rôle essentiel dans des mouvements politiques récents, tels les « printemps arabes ».

Ce déluge d'information complique cependant la sélection de l'information pertinente par les citoyens, qui peuvent aussi se laisser abuser par des campagnes de désinformation.

## *Entreprises, syndicats, associations, etc.*

Si nous avons surtout insisté sur la participation des citoyens au gouvernement des États ou des collectivités locales, les mêmes questions se retrouvent dans d'autres institutions, tels les syndicats, les associations, les entreprises, etc.

Des organisations moins hiérarchiques sont devenues nécessaires dans ces structures et elles devraient contribuer à les rendre plus humaines et plus performantes. Elles s'accompagnent de nouvelles formes de contributions, de collaboration aux réflexions et aux prises de décisions, dans lesquelles la confiance et la considération sont devenues essentielles.

Nous avons donc un énorme chantier devant nous : inventer des institutions, des entreprises, des modes de vie en société, etc., qui tiennent compte des possibilités que, au temps des algorithmes, nous offrent les techniques de communication.

– Tu sais, Robot, je le trouve un peu inquiétant ce monde, avec des milliards de programmes informatiques qui font je ne sais trop quoi.

– C'est pour cela qu'il faut que nous sachions ce qu'ils font. Surtout, il ne faut pas qu'ils fassent n'importe quoi.

– Je propose une loi : les robots ne doivent pas commettre d'injustices, ils doivent être gentils avec moi, ils doivent faire tout ce que je dis.

– Et que devraient-ils faire si tu leur demandais de commettre une injustice ?

# *Un algorithme dans la cité*

« La cité » est habituellement définie comme un ensemble d'être humains, dont la vie commune est rendue possible par le respect d'un certain nombre de règles, qui définissent les droits et les devoirs de chacun. Selon cette définition, les membres de la cité sont donc des femmes et des hommes. Mais une évolution progressive de cette notion nous a peu à peu menés à considérer que des groupes d'êtres humains, par exemple des communautés de métiers, puis des entreprises, des associations, etc., puissent également avoir des droits et des devoirs et qu'ils soient donc également membres de la cité.

Cette introduction de personnes fictives nous simplifie en effet beaucoup la vie. Par exemple, si Camille, Claude et Dominique partagent un appartement et si Camille dépense soixante euros pour faire les courses au marché, il est plus simple de dire, même si ces deux formulations sont équivalentes, que Camille,

Claude et Dominique doivent vingt euros à « la communauté des colocataires », qui, à son tour, doit soixante euros à Camille, que de dire que Claude et Dominique doivent chacun vingt euros à Camille. Si, par exemple, Dominique ne paie pas sa dette, il est préférable de voir cet événement comme un conflit entre Dominique et la communauté des colocataires, que comme un conflit entre Dominique et Camille. Quand le nombre de colocataires dépasse quelques dizaines, il sera aussi plus simple que la communauté des colocataires, bien que personne fictive, ouvre un compte bancaire à « son nom », ce qui suppose qu'elle ait des droits et des devoirs vis-à-vis d'une banque.

Outre les êtres humains et certains groupes d'êtres humains, d'autres entités peuvent parfois être considérées comme des membres de la cité, par exemple des animaux, comme en témoignent les nombreux procès qui leur furent intentés au Moyen Âge ou le fait que le droit français les reconnaisse comme des « êtres sensibles ». Certains penseurs contemporains proposent d'aller au-delà, et de considérer également, comme membres de la cité, les océans, les fleuves, les forêts… et les robots, les logiciels et les algorithmes.

Considérer une entreprise, un animal, un algorithme, ou le logiciel qui l'exprime, comme un membre de la cité ne signifie nullement lui accorder les mêmes droits et les mêmes devoirs qu'à une personne humaine. Par exemple, un tribunal peut condamner un être humain à une peine de prison, mais non une entreprise. À l'inverse il peut décider la dissolution d'une entreprise, mais non celle d'un être humain. Considérer un algorithme ou un logiciel comme un membre de la cité n'est donc nullement une identification anthropomorphique, mais seulement une extension de la cité à d'autres entités que les humains.

Considérer ainsi les logiciels comme des membres de la cité permet de voir la cité comme un système où des entités, humaines ou non, interagissent, en respectant certaines règles. Cela permet de donner un sens à la question de notre « cohabitation » dans la cité avec des logiciels et des algorithmes, et des règles à instaurer pour que cette cohabitation soit harmonieuse.

## *Boucs émissaires*

Cette cohabitation est aujourd'hui loin de l'être : les algorithmes sont souvent perçus comme la source de tous nos maux : disparition de métiers, restriction des libertés publiques, déshumanisation du monde, etc. Quand une même place de train est vendue à deux voyageurs, il ne sert à rien d'insinuer que l'erreur a peut-être une origine humaine ou que de telles erreurs existaient avant l'utilisation d'ordinateurs : la faute ne peut être que celle de l'algorithme. Ces accusations sont souvent renforcées par une attitude passéiste, refus du changement et nostalgie d'un passé idéalisé : les livres numériques dénatureraient le plaisir de la lecture en nous privant de l'odeur du papier, la consultation du Web nous abêtirait, en réduisant notre goût d'apprendre – déjà bien abîmé, en son temps, par l'invention de l'écriture…

Les algorithmes sont donc choisis, parmi les membres de la cité, pour endosser la responsabilité de fautes, dont ils ne sont pas toujours coupables. Cela en fait des boucs émissaires. Outre rendre notre cohabitation avec les algorithmes peu harmonieuse, cette désignation de boucs émissaires masque les vraies questions, relatives à la place des algorithmes dans la cité : quelles décisions pouvons-nous confier à un algorithme ? Comment contester une décision prise par un algorithme ? Un algorithme peut-il être considéré comme moralement et juridiquement responsable de ses actes ?

## *La prise de décision*

Comme d'autres membres de la cité, les algorithmes et les ordinateurs sont amenés à prendre des décisions. Par exemple, sur les routes, des radars entièrement automatiques évaluent la vitesse des automobilistes et, en fonction de la vitesse observée, décident de les verbaliser ou non. Néanmoins, nous ne souhaitons sans doute pas déléguer toutes les décisions relatives à la vie de la cité à des algorithmes. Nous devons donc nous demander quelles décisions nous souhaitons leur déléguer et quelles décisions nous souhaitons conserver.

Un exemple paradigmatique est celui de la justice. Une décision de justice peut-elle être confiée à un algorithme-juge, de même que la verbalisation d'un automobiliste est confiée à un radar-agent de police ? Nous commençons à rencontrer de tels algorithmes-juges sur le Web, pour la résolution de petits litiges en ligne. Par exemple, les clients et les vendeurs sur eBay et PayPal peuvent utiliser un « centre de résolution » pour résoudre leurs conflits et une part très importante de ces conflits est résolue de cette manière. Mais pouvons-nous, au temps des algorithmes, aller au-delà et confier la condamnation d'un criminel ou la remise en liberté d'un condamné à de tels algorithmes ?

Pour répondre à cette question, nous devons d'abord nous demander si nous savons construire des algorithmes-juges aussi efficaces que les juges humains. Par exemple, savons-nous construire un algorithme-juge d'application des peines, qui ferait statistiquement moins d'erreurs qu'un juge humain ? Répondre à cette question n'est pas facile, notamment parce que, pour évaluer cette efficacité, nous devons définir le coût relatif de la détention inutile d'un potentiel non-récidiviste avec celui de la libération d'un récidiviste et être capable d'évaluer la sincérité du repentir d'un condamné, qui est peut-être un indicateur d'un moindre risque de récidive.

Cela dit, le simple fait d'imaginer un juge inhumain, rationnel, impartial et incorruptible, et de le comparer aux juges humains, nous permet de mettre en évidence les défauts, sans doute impossibles à corriger, de notre système actuel. Par exemple, comme tous les êtres humains, les juges ont un métabolisme et nous savons que les juges d'application des peines sont significativement moins indulgents en fin de matinée qu'en début d'après-midi. Une étude portant sur des milliers de cas a montré que la proportion de remise de peine accordée était de 20 % pour le dernier cas avant le déjeuner et de 60 % pour le premier après ce déjeuner. Nous savons aussi que dans certains états des États-Unis, les Afro-Américains sont statistiquement condamnés, pour des crimes similaires, à des peines beaucoup plus lourdes que les autres citoyens, qu'ils soient jugés par des jurys ouvertement racistes, ou simplement par des jurys qui, malgré leur bonne volonté, ont plus d'empathie pour des gens qui leur ressemblent. Nous savons aussi que, dans beaucoup de pays, les juges ne sont pas incorruptibles.

Dans ces trois cas, nous pouvons penser qu'un juge inhumain prendrait statistiquement de meilleures décisions qu'un juge irrationnel, partial et corruptible, comme le sont, à des degrés divers, tous les humains. Faut-il donc remplacer les juges par des algorithmes ?

Une solution intermédiaire, entre la prise de décision par un algorithme et par un être humain, est celle d'une prise de décision hybride, l'être humain étant « conseillé » par un algorithme. Une telle solution a cependant l'inconvénient de déresponsabiliser l'être humain, qui peut désormais invoquer le mauvais conseil de l'algorithme, pour justifier sa mauvaise décision. De même, quand une décision est confiée à un groupe de personnes, souvent aucune n'en assume la responsabilité. Dans l'exemple d'une remise de peine, un juge humain, assisté d'un algorithme-juge, serait naturellement tenté de ne prendre aucun risque et de suivre la proposition de l'algorithme, quand ce dernier propose de refuser une remise de peine. Ce choix lui évite d'être tenu pour responsable en cas de récidive, alors même que l'algorithme l'avait mis en garde. Cette déresponsabilisation du juge humain est sans doute un obstacle à une telle solution hybride.

Au bout du compte, faut-il remplacer les juges par des algorithmes ? Dans l'état actuel de nos connaissances, nous ne sommes pas capables de concevoir des algorithmes qui aient l'empathie nécessaire pour tenir compte de la complexité humaine de chaque cas. Mais la question se posera sans doute un jour. Si l'algorithme-juge prend statistiquement de meilleures décisions que le juge humain, il devient plus difficile de défendre que cette déshumanisation de la justice est une régression.

## *La contestation d'une décision*

La décision de condamner une personne à une peine de prison est encore prise par des êtres humains. Mais une multitude de petites décisions : condamner un automobiliste à une amende, accorder ou refuser un prêt à la consommation, etc., sont déjà prises par des algorithmes et nous avons tous déjà entendu l'antienne qui prend les algorithmes, ou les ordinateurs, comme boucs émissaires : « Vous avez parfaitement raison, mais je ne peux rien y faire. C'est l'ordinateur… »

Une telle dictature de la « médiocrité assistée par ordinateur » est à ranger dans la même catégorie que les autres formes de pouvoirs abusifs, face auxquels aucune procédure de contestation n'est prévue. Il est tout à fait normal qu'un algorithme fasse des erreurs : il a été conçu par des humains, il peut répercuter leurs erreurs et leurs biais, il peut ne pas disposer de toutes les informations pertinentes, ne pas avoir été conçu pour tenir compte d'une situation particulière, etc. Il est indispensable de pouvoir avoir recours à une personne responsable, qui, si elle pense que nous avons raison, doit pouvoir opposer sa décision à celle de l'algorithme.

Sans cette possibilité de contestation, il est peu probable que la prise de décision par un algorithme soit un progrès, et il est certain qu'elle ne sera pas acceptée par les autres membres de la cité. Il faut donc que, dans chaque cas, une autorité, un médiateur, etc., puisse modifier la décision de l'algorithme. Et rien n'empêche que, dans certains cas, ce médiateur soit, lui aussi, un algorithme, mieux vérifié, plus complet que celui qui a pris la décision contestée.

Aristote voyait la cité comme une communauté « d'animaux politiques », réunis par un choix de vie commune. Considérer les algorithmes comme des animaux politiques, sans doute des animaux différents de nous, mais comme des membres de la cité, nous mène donc à nous poser de nouvelles questions relatives aux décisions que nous souhaitons leur déléguer et aux procédures de contestation de ces décisions que nous devons mettre en place. Ces questions nous aident à mieux penser la manière dont nous cohabitons avec ces algorithmes.

# *La responsabilité des algorithmes*

Un algorithme peut-il faire le mal ? La réponse à cette question n'a hélas rien d'original : comme n'importe quel outil, un algorithme peut être la meilleure et la pire des choses. Par exemple, si la plupart d'entre nous reçoit, chaque mois, une fiche de paie produite par un algorithme, il est très facile de modifier cet algorithme, pour qu'il ajoute une prime à certains employés, en fonction de leur nationalité, de leur couleur de peau, de leur genre, de leurs opinions politiques, etc. De telles discriminations sont moralement condamnables, qu'elles soient effectuées par un être humain ou par un algorithme.

Le meilleur et le pire ? Le même algorithme d'analyse de données massives peut permettre à des médecins de personnaliser des traitements et de sauver ainsi des vies humaines, et à des gouvernements d'espionner leurs citoyens, au mépris du droit à une vie privée.

Quand un algorithme fait le mal, par exemple quand il est l'auteur de discriminations, est-il moralement responsable ? Cela est difficile à défendre, car un algorithme n'a, en lui-même, aucune intention. Dans l'exemple de la prime mensuelle accordée à certains employés, l'intention de discrimination vient de ses concepteurs. Un algorithme n'est donc pas un sujet moral et nous ne pouvons attribuer la responsabilité de ses actes, qu'aux personnes qui l'ont conçu, adapté, paramétré, choisi, déployé, utilisé, etc.

La responsabilité des actes d'un algorithme incombe donc à ceux qui le conçoivent et l'utilisent. C'est à eux de veiller à ce qu'aucune de ses actions ne soit moralement condamnable et d'assumer leur part de responsabilité, morale et juridique, en cas de dysfonctionnement.

Mais, comme souvent, si les idées générales sont simples, elles se compliquent quand nous considérons des cas particuliers. Une raison est qu'il arrive que plusieurs algorithmes – parfois des milliers – interagissent, échangent des données, raisonnent, proposent et décident pour nous. Illustrons cela avec trois exemples : les voitures autonomes, les assistants personnels numériques, et l'achat et la vente de produits financiers.

## *Y a-t-il un pilote dans la voiture ?*

Dans un véhicule autonome, piloté par un algorithme, des capteurs analysent l'environnement en temps réel : la route, les autres véhicules, etc. La voiture dialogue également avec les autres véhicules et, par exemple, avec les feux de circulation. Un algorithme décide ensuite de ce que la voiture doit faire, freiner, accélérer, allumer les phares, etc., et contrôle les commandes pour effectuer ces actions. Les passagers, quant à eux, n'ont qu'à profiter du voyage.

Dans une telle voiture, c'est un algorithme qui conduit. Il remplit un rôle habituellement dévolu à un être humain. Mais le caractère délibérément anthropomorphique de cet exemple ne doit pas nous tromper : la responsabilité des actions de cet algorithme incombe, comme nous l'avons dit, à ses concepteurs.

Même si les métros sans conducteur et les avions sans pilote sont largement déployés, les voitures autonomes n'arrivent que lentement dans nos rues – et les sceptiques sont encore nombreux, qui pensent qu'elles ne le feront jamais. Il y a certes un certain nombre de problèmes techniques à résoudre. Mais une autre raison retarde ce déploiement : nous ne savons pas encore spécifier à un algorithme-conducteur les règles qu'il doit suivre pour « bien » se comporter.

Par exemple, que devrait faire un tel algorithme s'il devait choisir entre tuer deux piétons ou l'unique passager de la voiture ? Doit-il chercher à être loyal vis-à-vis du passager de la voiture ou à épargner le plus grand nombre possible de vies humaines ?

Ces questions sont tout à fait nouvelles. Depuis le développement de l'automobile, il est malheureusement arrivé que des conducteurs se trouvent devant de tels dilemmes, mais comme ils avaient en général quelques fractions de secondes pour agir, ils le faisaient sans réfléchir, et sans trop se poser de questions morales. Quand nous prenons un taxi, nous questionnons rarement le chauffeur, pour savoir ce qu'il ferait dans un tel cas. Mais quand nous concevons un algorithme-conducteur, nous sommes obligés de répondre à ce genre de questions.

Une autre question qui retarde le déploiement des voitures autonomes est celle de la responsabilité juridique en cas d'accident. Il est difficile d'incriminer les passagers, qui regardaient tranquillement le paysage. Nous avons vu qu'incriminer l'algorithme lui-même n'aurait pas grand sens. La responsabilité est à partager entre les personnes morales et physiques qui collectivement ont fait que cet algorithme soit utilisé pour conduire une voiture. Le fabricant de la voiture ? L'entreprise qui a développé l'algorithme ? L'employé de cette entreprise qui a écrit le programme ? Bien d'autres peuvent hériter d'une part de responsabilité. Et qu'en est-il si l'erreur implique des composants logiciels achetés à une autre entreprise ? Et s'il s'agit, non d'une erreur de programmation, mais d'une mauvaise spécification de l'algorithme, d'un mauvais cahier des charges ? Ou de la survenue d'une situation non prévue dans ce cahier des charges ?

Nous avançons lentement sur ces questions et nous pouvons déjà prévoir de grands procès, qui régaleront les avocats et les juristes, mais nous avançons malgré tout : certains constructeurs, par exemple Volvo, ont déjà annoncé qu'ils étaient prêts à endosser une part de responsabilité en cas d'accident.

Cet exemple montre que la question du comportement d'un algorithme face à un dilemme moral et celle de la responsabilité juridique en cas d'accident se compliquent dès que nous considérons un cas particulier.

Cela dit, il y a peut-être un paradoxe dans le fait que nous pensions – à juste titre, nous semble-t-il – qu'il est important de répondre à ces questions, avant de laisser ces voitures rouler dans nos villes, alors que nous acceptons aujourd'hui de conduire sur des routes mortellement dangereuses, où circulent un grand nombre de conducteurs, parfois sans permis, ni assurance. Nous attendons d'une voiture autonome, non qu'elle conduise comme un conducteur moyen, mais qu'elle conduise mieux que les meilleurs conducteurs. Si les voitures autonomes tardent à arriver, c'est parce que nous attendons beaucoup d'elles : nous n'attendons pas uniquement qu'elles aient un comportement acceptable, nous attendons qu'elles aient un comportement irréprochable, alors même que nous ne savons parfois même pas définir ce que devrait être un tel comportement.

## *Les assistants personnels numériques*

Autre exemple, les assistants personnels numériques, tels Siri ou Google Now. Ces logiciels sont destinés à nous accompagner dans notre vie quotidienne, à organiser nos rendez-vous, nos voyages, à gérer nos comptes en banque, etc. Comme ils répondent à un réel besoin, ils devraient prendre une place importante dans nos vies.

Pour fonctionner, ces logiciels cherchent à acquérir un maximum de données sur nous : des données que nous fournissons délibérément, que des capteurs, tel un GPS, produisent pour nous, à moins que ce ne soient nos amis, quand ils nous taguent sur les réseaux sociaux, ou nos fournisseurs, telle une librairie en ligne, qui sait tout de nos goûts littéraires. Des systèmes collectent ces données parfois sans que nous en soyons conscients, et parfois sans que nous sachions à quoi elles serviront.

Comme les voitures autonomes, ces assistants personnels, attendus depuis des années, n'arrivent que lentement et sont encore très décevants. Pourquoi ?

Naguère encore, un frein au développement de ces systèmes était que la plupart des informations intéressantes n'étaient disponibles que dans nos cerveaux. Mais cet argument n'est plus pertinent : ces données sont maintenant ici et là, sous forme numérique. Alors pourquoi ces applications tardent-elles à s'imposer ?

Une raison de ce retard est, là encore, la complexité du problème. Avec la disponibilité massive de données, le problème s'est compliqué. Par exemple, quand il se passe autour de nous des milliers d'événements, notre assistant peine à choisir le petit nombre d'entre eux dont il doit nous informer. Il s'agit de comprendre les informations disponibles, des images, du texte en langue naturelle, ce qui n'est pas simple. Puis, de comprendre ce qui nous intéresse. Ce sont des tâches qu'un assistant humain sait réaliser plus ou moins bien. Ce sont des tâches extrêmement complexes pour une machine. Les informations que l'assistant récupère sont en outre de très mauvaise qualité : elles sont incomplètes, imprécises, parfois erronées. Surtout, une grande partie de ces informations consiste en des opinions, des sentiments. Est-ce que le resto était vraiment super, comme le dit Camille ? Est-ce que Camille était de très bonne humeur, comme l'affirme Claude ? Un assistant personnel doit gérer les impressions, les mensonges, les humeurs, les conflits, les amours… de chacun. Tout cela rajoute de la complexité, ce qui explique que les assistants personnels numériques soient encore très décevants et que ce sujet tienne encore du domaine de la recherche.

Mais le plus grand frein au développement d'un tel assistant est sans doute le fait que nos données personnelles sont dispersées dans un grand nombre de systèmes, blogs, réseaux sociaux, sites Web, etc. Ces systèmes stockent ces données dans des standards différents, les organisent différemment, se basent sur des terminologies différentes. Or, pour disposer d'un assistant personnel efficace, il faudrait confier toutes nos données à un seul système. Mais nous sommes, fort justement, très réticents à l'idée de confier toutes nos données à Google, à Facebook ou à Apple. Nous serions alors, de manière assez angoissante, entièrement à la merci de l'entreprise que nous aurions choisie. Imaginons que notre assistant rechigne alors à communiquer avec des logiciels d'entreprises concurrentes, ou qu'il nous cache certaines informations, parce qu'elles ne sont pas en accord avec les options politiques ou religieuses de l'entreprise choisie. Imaginons que notre assistant nous éloigne de certains amis, parce qu'ils ont choisi un assistant personnel concurrent. Imaginons qu'il vende nos informations les plus intimes au plus offrant. Un tel assistant au service d'une grande entreprise du Web pourrait sonner le glas de notre liberté numérique.

Comment définir ce que devrait être un comportement « moral » d'un assistant personnel ? Ce dont nous rêvons est un assistant numérique qui serait uniquement à notre service et non à celui de l'entreprise qui l'a construit. Mais que signifie « être au service de » ?

## *La Bourse et les ordinateurs*

Dans le domaine de la finance, les algorithmes, qui prennent des décisions d'achat et de vente de produits financiers, sont depuis longtemps les principaux acteurs sur les marchés. Le *trading* automatique est donc un bel exemple pour discuter de cette question de la « responsabilité » des algorithmes.

Nous avons assisté, en 2012, à un krach boursier. Qui peut être tenu pour responsable de ce krach ? Les algorithmes qui prennent les décisions d'acheter et de vendre ? Les informaticiens qui ont conçu ces algorithmes ? Les personnes qui les utilisent ? Les algorithmes qui contrôlent ces transactions ?

Nous avons tendance à incriminer l'utilisation d'algorithmes, alors que le premier krach spéculatif recensé, qui date de 1637, est antérieur au *trading* automatique. Attribuer la responsabilité des krachs boursiers aux algorithmes ou aux informaticiens qui les développent révèle à la fois une méconnaissance de l'histoire économique et la volonté de se défausser de ses responsabilités. Après tout, les marchés fonctionnent selon des règles qui ont été définies par des êtres humains et les algorithmes ne font que jouer dans ces règles.

Il faut bien pourtant admettre que la délégation à des algorithmes des décisions boursières d'achat et de vente peut conduire à fragiliser les marchés financiers. Cela tient au fait que les algorithmes se comportent différemment des humains pour lesquels les règles ont été définies : ils prennent une décision beaucoup plus rapidement, ils sont extrêmement uniformes dans leur choix et ils sont beaucoup moins contrôlés que des humains, dont nous nous attendons à ce qu'ils commettent des erreurs.

Plutôt que d'accuser inutilement les algorithmes, la solution de ce problème passe par l'instauration de nouvelles règles d'organisation des marchés financiers, qui tiennent compte des spécificités des algorithmes. Il faut aussi que ces nouvelles règles incitent les banques à se recentrer sur leur rôle historique d'organisation du marché de l'épargne, plutôt que de miser sur des gains à court terme que permettent ces algorithmes. Par exemple, il était jadis rare qu'un *trader* achète un produit financier pour le revendre moins d'une seconde plus tard. Si cette inertie avait un effet positif sur les marchés, peut-être devrions-nous imaginer une règle qui évite qu'un même titre ne soit vendu et acheté des milliers de fois en une seconde, par exemple en interdisant de vendre un titre avant un certain délai ou en instituant une taxe sur les transactions.

Ces trois exemples, par-delà leurs différences, nous montrent que des algorithmes peuvent faire le bien comme le mal, et que nous devrions utiliser des algorithmes uniquement quand nous avons une certaine assurance qu'ils ne vont pas faire n'importe quoi. Nous ne pouvons pas laisser les voitures autonomes transformer nos routes en jungle, les assistants personnels servir un autre intérêt que le nôtre et les marchés financiers devenir des montagnes russes.

# *Données personnelles et vie privée*

Pourquoi cette notion de vie privée est-elle au cœur des questions qui se posent à nous au temps des algorithmes ?

Nous avons dit que l'utilisation d'ordinateurs nous permettait d'exécuter, à l'extérieur de notre tête, des algorithmes que nous exécutions naguère à l'intérieur de celle-ci. Elle nous permet, de même, de stocker, à l'extérieur de cette tête, des informations que nous apprenions naguère par cœur. Notre manière d'accéder à ces informations externalisées est de plus en plus sophistiquée : nous utilisons des agendas électroniques, des moteurs de recherche, des systèmes de gestion de bases de données, etc. Comme l'écriture, l'alphabet et l'imprimerie, l'informatique participe donc d'un vaste mouvement d'externalisation de nos facultés intellectuelles, notamment de notre mémoire.

Pour ceux qui oubliaient souvent leurs rendez-vous et les numéros de téléphone de leurs amis, c'est le paradis. Mais cette externalisation pose aussi un certain nombre de problèmes, notamment parce qu'elle transforme la notion même de vie privée.

## *Les données personnelles*

Nous écrivons des textes : des courriers électroniques, des billets de blog, etc. D'autres écrivent des textes qui parlent de nous. Nous prenons des photos. Nous écoutons de la musique. Nous regardons des films. Nous achetons des objets. Nous consultons des pages web et les comptes de nos amis sur les réseaux sociaux. Nous les annotons parfois. Les GPS de nos téléphones enregistrent nos itinéraires. Toutes ces données nous racontent.

Des systèmes informatiques croisent ces données, issues de plusieurs sources et infèrent des connaissances : des masses de données qui nous concernent s'accumulent un peu partout. Certaines informations sont exactes, d'autres non. Certaines représentent des faits objectifs, d'autres sont tout à fait subjectives : quelqu'un nous a trouvé agressif, mélancolique, de bonne humeur, etc. Nous souhaiterions parfois supprimer ces informations, car elles dévoilent des choses que nous aimerions garder secrètes. Mais les secrets sont difficiles à protéger au temps des algorithmes et le droit à l'oubli y est bien absent, car nous ne contrôlons qu'une petite partie de ces données. Pour une grande part, nous ne savons même pas qu'elles existent, ni ce que les autres en font.

Il est très difficile de définir une notion de « propriété » pour ces données : souvent, elles concernent plusieurs personnes. Une photo publiée sur un réseau social concerne la personne qui a pris la photo, les personnes qui figurent sur cette photo, le propriétaire du compte sur lequel elle est publiée, les personnes qui l'annotent, les personnes mentionnées dans ces annotations, etc. Le propriétaire du compte sur lequel cette photo est publiée est loin d'être le seul « propriétaire » de cette photo. Plutôt que de définir une telle notion de propriété, il est plus utile d'essayer de comprendre quelles règles pourraient régir la collecte, le stockage, l'échange et l'utilisation de telles données. Car ces données intéressent beaucoup de monde, en particulier les gouvernements et les entreprises.

## *Les gouvernements*

Les gouvernements et les juges n'ont pas attendu le temps des algorithmes pour surveiller leurs sujets et citoyens. Au XXe siècle, par exemple, un juge pouvait ordonner la mise sur écoute d'une personne coupable ou suspecte d'un délit ou d'un crime et les gouvernements se passaient même souvent des juges. Mais, comme il fallait que quelqu'un consacre du temps à écouter ces conversations, cette surveillance était limitée.

« Grâce » aux ordinateurs et aux algorithmes d'apprentissage, les États peuvent désormais surveiller massivement toute la population. Les ordinateurs des services de renseignement réalisent des analyses statistiques sur les montagnes de données qu'ils collectent, afin d'y détecter des comportements suspects : le nom, le prénom, l'adresse, les déplacements, les contacts d'un individu, les films qu'il regarde, la musique qu'il écoute, etc., sont autant d'éléments qui qualifient cet individu et qui feront dire aux algorithmes qu'il est suspect ou non, sur des bases purement statistiques.

Un inoffensif travailleur immigré peut, par hasard, habiter dans le même immeuble qu'un assassin et prendre ses vacances dans un village où un crime atroce a été commis. Isolément, chacun de ces « indices » n'a aucune valeur. Mais, ensemble, ils construisent un faisceau qui peut mener à considérer cette personne comme un risque potentiel pour la société. Pas de chance ! Plus la surveillance est massive, plus le nombre de « faux positifs », c'est-à-dire de personnes injustement suspectées par le mauvais hasard des statistiques est grand. Alors que le nombre de personnes suspectées à raison, limité par le nombre de criminels, reste comparativement petit.

Les raisons pour une telle surveillance massive ne manquent pas : grand banditisme, terrorisme, trafic d'êtres humains, etc. Principalement motivées par le terrorisme, des lois récentes, le Patriot Act aux États-Unis en 2001 et la loi relative au renseignement en France en 2015, légalisent cette surveillance de masse. Il faut être conscient que ces lois contribuent à rapidement créer un terrifiant *Big Brother*.

Les résultats dans la lutte antiterroriste sont, selon les spécialistes, assez décevants, mais cela n'empêche pas les responsables du renseignement d'espérer qu'un jour les analyses des données récoltées produiront de meilleurs résultats. D'un point de vue technique, cela est probable… sauf bien sûr si les criminels modifient leurs comportements, s'ils se mettent à protéger leurs traces numériques, par exemple en chiffrant leurs communications ou en utilisant un réseau, tel Tor, qui anonymise les connexions au réseau Internet.

Ces lois votées à la va-vite dans l'angoisse des attentats nous ont menés à réduire nos droits les plus fondamentaux, notamment la protection de notre vie privée. Il est de notre responsabilité collective de poser la question du bien-fondé d'une telle surveillance, de lui imposer des limites, de la placer sous le contrôle d'une justice indépendante.

## *Les entreprises*

Si les gouvernements s'intéressent à nos données, ils ne sont pas les seuls. Les entreprises, notamment les grands acteurs du Web, ont aussi compris la valeur de ces données personnelles. Les internautes vont-ils accepter d'être ainsi observés et analysés en permanence ?

Un exemple illustre les désagréments d'une telle observation. Celui d'une adolescente, dont le père avait appris la grossesse, en 2012, par une publicité ciblée. En analysant les achats de la jeune femme, les algorithmes de l'entreprise Target avaient déterminé qu'elle était probablement enceinte et lui avaient envoyé des bons de réduction pour des habits de bébés et des berceaux. Cette intrusion brutale dans l'intimité d'une famille est inexcusable. Mais au-delà de l'erreur de l'envoi de cette publicité, le simple fait que l'entreprise ait pu inférer une information aussi personnelle est inquiétant.

Il a aussi été montré, aux États-Unis, que les internautes qui habitaient dans un quartier défavorisé se voyaient proposer des agrafeuses à des prix plus élevés, que ceux des beaux quartiers. L'entreprise, gênée, a fini par expliquer que la raison était que ces internautes habitaient plus loin d'une papeterie et qu'ils étaient donc prêts à payer davantage. Est-il normal que notre adresse soit ainsi utilisée pour déterminer le prix d'un objet ou d'un service ? Imaginons-nous dans un souk, marchandant avec un vendeur qui aurait accès à toutes nos informations privées. Nous serions dans une situation bien défavorable pour négocier.

Ces nuisances seraient-elles marginales ? Parce que nous acceptons de signer des conditions générales d'utilisation sans même les lire, parce que nous montrons beaucoup de légèreté dans la protection de nos données personnelles, etc., les apôtres de la fin de la vie privée aimeraient accréditer la thèse que nous sommes prêts à accepter que nos informations personnelles s'étalent sur la place publique. En tentant de nous convaincre que les jeunes générations sont moins sensibles à cette question que les plus âgés, ils insinuent que la vie privée est un problème de « vieux cons ».

Mais la situation est plus complexe. D'abord, jeunes ou vieux, nous ne sommes pas toujours conscients de l'étendue du problème. Ensuite, quand nous acceptons de signer des conditions générales d'utilisation sans même les lire, c'est bien souvent parce que nous n'avons pas d'alternative : nous voulons accéder à un service et personne ne nous propose ce même service, en garantissant la protection de nos données. Quand nous avons le choix, beaucoup d'entre nous préfèrent protéger leurs données privées. Est-il donc possible de procurer les mêmes services aux internautes, en protégeant la confidentialité de leurs données personnelles ?

La difficulté est double. D'abord, ces données personnelles sont parfois utiles pour améliorer la qualité de certains services. Certaines applications nous indiquent, par exemple, quelles sont les rues embouteillées dans une ville, et elles ne pourraient le faire si elles ignoraient où se trouvent les voitures. Il est en fait parfois techniquement possible de développer les mêmes services sans collecter de données personnelles, par exemple en anonymisant les données collectées par de telles applications, mais cela est plus difficile. Les développeurs se contentent ainsi souvent de solutions de facilité, parce que la concurrence exige, de plus en plus, de sortir très vite de nouveaux produits.

Une autre difficulté vient des modèles économiques développés par certaines grandes entreprises, qui fournissent par exemple des moteurs de recherche ou des réseaux sociaux. Elles mettent en place un « marché biface » : sur une première face duquel elles troquent un service « gratuit » contre les données personnelles de leurs clients, qu'elles revendent ensuite sur la seconde à une autre catégorie de clients, par exemple, des annonceurs.

Il existe d'autres modèles économiques, comme les systèmes d'informations personnelles, les Pims – *Personal information management systems*. L'utilisateur, plutôt que de déléguer ses services à des entreprises qui marchandiseront ses données, choisit de les gérer lui-même dans un Pims. Comme il n'a ni l'envie ni les compétences pour administrer lui-même des services informatiques, il délègue cette tâche à une entreprise. Déplaçons-nous la marchandisation d'une entreprise à une autre ? Non, car le modèle commercial des fournisseurs de services est surtout fondé sur la commercialisation des données de leurs clients. Un fournisseur de Pims a, au contraire, un contrat avec ses clients, qui stipule qu'il doit protéger la confidentialité de leurs données.

Les Pims sont encore peu répandus, mais l'approche est prometteuse et ils nous montrent surtout que d'autres voies sont possibles.

Les mêmes techniques, qui aujourd'hui distribuent nos données personnelles aux quatre vents, permettent de construire des systèmes très différents, qui respectent la confidentialité des données personnelles. La technique n'impose nullement que de telles données deviennent publiques. Seuls les modèles économiques actuels et notre paresse intellectuelle nous conduisent à l'accepter. Ces modèles peuvent se transformer, de nouveaux modèles peuvent émerger… si nous le décidons.

## *Les données de santé*

Parmi toutes nos données personnelles, certaines sont plus sensibles que d'autres et, parmi les plus sensibles, figurent nos données de santé : résultats d'examens médicaux, diagnostics, prescriptions, etc. Ces données sont complétées par des données génomiques, depuis que des entreprises, telles que 23andMe, proposent de séquencer une partie importante de notre génome individuel, pour quelques dizaines de dollars. Enfin notre santé dépend aussi d'autres facteurs : alimentation, consommation de drogues – tabac, alcool, etc. –, activité physique, exposition à des pollutions, etc. Informations que nous diffusons souvent volontairement, par exemple sur les réseaux sociaux. Prises ensemble, ces données définissent, en grande partie, notre santé présente et future.

Il est question de réunir certaines de ces données dans un dossier médical électronique, que nous attendons depuis de nombreuses années. Un tel dossier médical aurait de nombreux avantages. D'abord pour la recherche médicale : l'analyse d'un grand nombre de dossiers pourrait permettre, par exemple, de découvrir des corrélations entre la prise de certaines combinaisons de médicaments et certaines pathologies. Surtout, un tel dossier médical aurait de nombreux avantages pour les patients. Il permettrait d'éviter des examens inutiles et peut-être des erreurs de diagnostic. Il éviterait que le dossier médical d'un patient ne disparaisse quand ce patient change de médecin. Il permettrait, à terme, de réaliser un modèle numérique de chaque patient pour personnaliser ses traitements, etc.

Mais ce dossier médical électronique se fait attendre, précisément parce que ces données sont sensibles. Une compagnie d'assurances ou une banque doivent-elles avoir accès aux données médicales et génomiques de son client, à l'historique de ses activités sportives ? Un employeur à celles de ses employés ? Ces données médicales sont personnelles et, à ce titre, les compagnies d'assurances, par exemple, ne devraient pas pouvoir y avoir accès pour moduler leurs tarifs en fonction de l'état de santé de leurs assurés, même avec leur consentement. En revanche, les chercheurs devraient pouvoir en disposer pour faire progresser la médecine. Et les soignants pour améliorer la qualité des soins.

Il n'est donc pas souhaitable d'enfermer les données de santé, mais nous devons décider qui a accès à quelles données et surtout pour quoi faire. Nous devons aussi développer les techniques nécessaires pour pouvoir analyser massivement des données tout en en protégeant individuellement la confidentialité.

## *La mémoire numérique*

Dernier exemple, peut-être le plus inattendu : comment conserver notre mémoire ? Cela peut sembler paradoxal, mais en numérisant notre mémoire, en la dégageant des limites du cerveau humain, comme des limites des procédés analogiques de stockage, en la rendant reproductible à l'infini et potentiellement immortelle, nous risquons de simplement la perdre.

Observons, par exemple, les photos argentiques que certains d'entre nous ont prises au XX^e^ siècle. Nous gardons souvent ces photos dans un tiroir depuis des dizaines d'années. Certaines couleurs en sont un peu fanées, mais ces photos n'en ont que plus de charme. Dans quelques dizaines d'années, elles seront vraisemblablement encore là.

Qu'en est-il des photos numériques que nous avons prises lors de nos dernières vacances ? Les aurons-nous encore dans dix ans ? Rien n'est moins sûr. D'abord, les supports comme les disques magnétiques ou la mémoire flash sont moins pérennes que le papier. Ensuite, les formats utilisés par ces photos ont tendance à se périmer très rapidement. Nous entassons les informations dans un grand désordre et à l'occasion d'une panne ou d'un changement d'ordinateur, de téléphone, de système de stockage, nous « oublions » des pans de notre mémoire, peut-être irremplaçables.

Une mémoire numérique pérenne est techniquement réalisable. Rien ne nous empêche d'avoir des sauvegardes de nos photos, de renouveler régulièrement nos disques, de répliquer nos informations en permanence, de garder des logiciels pour tous les formats de données ou de traduire nos données de formats périmés en formats récents. Mais cela a un coût, en particulier en temps.

Nous ne devons pas avoir honte de notre incapacité à gérer notre mémoire numérique. Nombre d'entreprises et d'administrations ne font pas mieux. Les solutions d'archivage numérique à long terme sont encore balbutiantes. C'est pour cela que même après avoir dématérialisé les échanges d'information, les entreprises et les administrations utilisent encore souvent des archives papier pour en conserver la mémoire.

Cela dit, ce problème technique en masque peut-être un autre. À l'époque où prendre une photo coûtait plusieurs francs, nous ne prenions que quelques dizaines de photos par an, et même si nous les conservions toutes, cela représentait un faible volume. Maintenant que nous prenons quelques centaines ou milliers de photos chaque année, un nouveau problème apparaît : si nous voulons pouvoir regarder ces photos dans dix ans, sans nous noyer dans un océan mémoriel, nous devons apprendre à choisir celles que nous voulons garder. L'hypermnésie rend paradoxalement nos souvenirs inaccessibles et nous devons apprendre à devenir, avec l'aide d'algorithmes, les archivistes de notre monde numérique personnel.

## *Inconscient individuel et collectif*

Les écrivains de science-fiction rêvaient de super-ordinateurs intelligents, mais peu avaient imaginé l'apparition d'une connaissance collective, construite par des milliards de machines interconnectées, stockant des informations sur nous, échangeant ces informations, en extrayant des connaissances qui nous racontent. Tout ce que nous avons toujours voulu savoir sur chacun d'entre nous, et davantage.

Des systèmes informatiques, en croisant, en analysant toutes les données d'un individu, peuvent découvrir des aspects de la personnalité de cet individu, que cet individu souhaite cacher, voire ignore. Ces algorithmes d'analyse de données massives ont, en quelque sorte, directement accès à notre inconscient. Comme les psychanalystes, ils s'intéressent moins à la logique de nos discours, qu'aux mots que nous employons, à leurs associations, à leurs corrélations, etc. Des algorithmes prédisent ce que nous allons acheter sans même que nous en ayons conscience.

Notre inconscient est aujourd'hui à portée d'algorithme, tout comme d'ailleurs un inconscient collectif encore à explorer.

Nous découvrons les risques que courent nos données personnelles devant les attaques des gouvernements et des entreprises, et devant les assauts du temps. Toutefois, des solutions existent que nous devons mettre en œuvre à une échelle individuelle ou collective. Contre les gouvernements, les solutions pour aller vers plus de protection des données personnelles sont d'abord politiques. Contre les entreprises, il n'est pas surprenant qu'elles soient d'abord économiques. Contre les assauts du temps, les solutions sont avant tout personnelles : c'est à nous de choisir ce dont nous voulons nous souvenir.

# *Équité, transparence et diversité*

Nous avons certaines attentes à l'égard des algorithmes que nous côtoyons. Nous souhaitons, par exemple, qu'ils soient « équitables ». Ces propriétés sont essentielles à la coexistence pacifique des algorithmes et des humains, et à l'instauration d'un climat de confiance dans la cité. Elles sont d'autant plus essentielles quand ces algorithmes exercent un certain pouvoir, par exemple quand un algorithme décide de l'attribution, ou du refus, d'un prêt bancaire.

Mais que sont exactement ces attentes ?

## *L'équité*

Pour qu'une décision concernant une personne soit équitable, elle doit ignorer délibérément certaines informations, comme le genre ou l'origine ethnique de cette personne. C'est ce que symbolise l'allégorie de la justice aux yeux bandés.

Il est souvent difficile de savoir si les êtres humains prennent des décisions équitables ou non. Par exemple, comment être certain que le maître d'hôtel d'un grand restaurant ne donne pas une meilleure table à ses clients les plus célèbres, les mieux habillés, les plus beaux, etc. D'ailleurs, les auteurs de ce livre sont-ils absolument certains de n'avoir jamais favorisé inconsciemment un candidat ou une candidate, au cours d'un oral, du fait de son apparence vestimentaire ?

Remplacer le maître d'hôtel d'un restaurant ou l'examinateur d'un concours par un algorithme peut contribuer à une plus grande équité, car, quand nous exprimons cet algorithme par un programme, tout doit être explicite. Il est certes possible de concevoir un algorithme qui, quand nous réservons une table dans un restaurant sur un site web, commence par chercher si notre prénom appartient à la liste : Babacar, Fang, Fatima, Moshe, etc., ou alors à la liste : Gilles, Madeleine, Marie, Serge, etc., et choisit une table ou une autre en fonction du résultat de cette recherche. Mais, contrairement aux insondables motivations du maître d'hôtel, expliciter un tel critère d'attribution d'une table serait une publicité assez négative pour le restaurant. De telles discriminations, toujours immorales, sont, en outre, parfois illégales, quand il s'agit par exemple, pour une banque, d'offrir des taux d'intérêts différents aux membres d'une minorité ethnique.

Certains biais sont faciles à détecter. En analysant le programme qui l'exprime nous pouvons, par exemple, repérer assez vite si l'algorithme qui décide de l'accord ou du refus d'un prêt bancaire fonde ses décisions sur la valeur d'un attribut *Religion*, dans une base de données. Mais d'autres sont plus difficiles à détecter, par exemple, quand un tel algorithme analyse un ensemble de données : le prénom des demandeurs, leur pays de naissance, leurs habitudes alimentaires, etc., calcule une variable X244 et l'utilise pour fonder sa décision, et que cette variable se trouve « par hasard » fortement corrélée à la religion du demandeur.

Dans l'analyse de ces algorithmes, nous devons donc être doublement vigilants.

## *La transparence*

Il est plus facile de confondre un algorithme qu'un maître d'hôtel inique, car, dans l'expression d'un algorithme, tout est explicité. Cependant, pour pouvoir confondre un algorithme inique, il faut que nous puissions savoir comment il fonctionne. Cela nous mène à la question de la transparence des algorithmes.

Pour éclairer cette question, nous devons commencer par distinguer plusieurs types d'algorithmes. Certains algorithmes, tel l'algorithme, symbolique ou non, qui nous permet de distinguer un chien d'un chat, sont employés par notre cerveau, sans que nous sachions comment ils fonctionnent. Expliciter des algorithmes de reconnaissance d'images et observer le fonctionnement de notre cerveau nous permettent, peu à peu, de mieux les comprendre. L'exigence d'explicitation inhérente à l'expression d'un algorithme apparaît ici comme un facteur de transparence.

À l'inverse, d'autres algorithmes, tels les algorithmes de l'addition et de la multiplication, ont été utilisés pendant des milliers d'années par des êtres humains. En faisant une multiplication à la main, nous savions exactement comment cet algorithme parvenait au résultat, car nous le faisions, nous-mêmes, fonctionner pas à pas. En faisant exécuter des algorithmes par des ordinateurs, nous avons partiellement perdu cette transparence. Il reste possible de faire fonctionner pas à pas un algorithme simple et d'expliquer les calculs effectués à chaque étape. C'est, par exemple, ce que fait la plateforme OpenFisca, avec les algorithmes de calcul des impôts et des prestations sociales. Mais, quand un ordinateur effectue un million d'opérations pour parvenir à un résultat, même si nous savons ce que sont ces opérations, et même si nous pourrions en théorie effectuer chacune d'elles à la main, nous pouvons être surpris du résultat. C'est souvent le cas avec les algorithmes d'analyse de données massives : il est difficile d'expliquer les millions d'opérations qui ont conduit à décider qu'une rue soit mise en sens unique, en se fondant sur l'analyse de téraoctets de données, récoltées par les services de l'équipement. La complexité des calculs, permise par l'utilisation d'un ordinateur, apparaît ici comme un facteur d'opacité.

Enfin, le concepteur d'un algorithme peut décider de le partager avec ses utilisateurs ou de le garder secret. Si un restaurant décide, par exemple, de garder secret l'algorithme d'attribution des tables utilisé par son site web, l'explicitation de l'algorithme n'est plus un facteur de transparence.

Il est difficile de remédier à l'opacité due à la complexité des algorithmes. En revanche, il est facile d'exiger que les algorithmes qui prennent des décisions qui nous concernent soient rendus publics.

Pour faire un parallèle, l'analyse de données fait, depuis longtemps, partie de la méthode scientifique et les chercheurs savent l'importance d'utiliser des données et des méthodes d'analyse transparentes, s'ils veulent que leurs résultats soient acceptés par la communauté scientifique. Comme pour les algorithmes qui prennent des décisions cette transparence contribue à l'instauration d'un climat de confiance et nous conduit à accepter les résultats d'un algorithme.

Les manques à ce devoir de transparence des algorithmes que nous côtoyons dans la cité sont hélas nombreux : boîtes noires de la loi sur le renseignement, secret sur l'algorithme utilisé par la plateforme « Admission Post Bac », en partie rendu public récemment, mais après des années d'utilisation opaque, flou sur l'utilisation de nos données par les réseaux sociaux, secret qui entoure le classement des pages des moteurs de recherche, etc.

Cette transparence est pourtant un objectif facile à atteindre : dans le cas de la plateforme « Admission Post Bac », il suffirait par exemple de publier le programme qui exprime cet algorithme. Même si ce programme est complexe, il peut être analysé par des experts et testé sur des données différentes des données réelles, afin d'éclairer son fonctionnement.

L'importance de la transparence des algorithmes publics commence à être prise en compte : la loi pour une République numérique, de 2016, par exemple, mentionne l'« ouverture du code des algorithmes publics ».

Nous montrons beaucoup plus d'exigence en termes de transparence dans nos rapports avec les machines que dans nos rapports avec les humains. Quand des humains ont décidé, pendant des années, les affectations des pauvres appelés du contingent, ils n'avaient pas à expliquer leurs décisions. Pendant de nombreuses années, la plateforme « Admission Post Bac » a de même décidé du futur des bacheliers dans la même opacité, mais nous étions nombreux à demander que ce programme soit rendu public.

Cette plus grande exigence est en partie due à notre méfiance à l'égard des machines. Mais la véritable raison est que cette transparence est plus facile à atteindre avec un algorithme qu'avec un être humain. Le temps des algorithmes est donc une chance d'apporter plus de transparence dans le fonctionnement de la cité. Nous devons la saisir.

## *La diversité*

Plus ils sont simples, plus les algorithmes ont une propension à la régularité et à l'uniformité.

Dans le cas de l'analyse de données massives, ils ont une tendance naturelle à faire chaque fois les choix les plus populaires. Par exemple, les algorithmes de recommandation de films se fondent en partie sur le nombre de personnes qui ont vu un film : plus de personnes l'ont vu, plus il est recommandé, et plus il est recommandé, plus de personnes le voient. Avec un tel algorithme, tout le monde risque de voir le même film, sans même savoir que d'autres existent, tuant ainsi toute diversité dans la création cinématographique et tout risque d'être surpris. Les algorithmes de recommandation, comme celui de Netflix, sont plus complexes, mais ils ne font qu'affiner cette notion de popularité. Ils se fondent sur l'avis des gens qui nous ressemblent : l'algorithme nous recommande des films qu'aiment des personnes qui ont des goûts proches des nôtres. Le risque d'être surpris par un film ou par un livre est plus faible encore.

Pourtant, il semble important, et même juste, de ne pas négliger les choix moins populaires. Certaines idées très minoritaires au départ, tels l'héliocentrisme ou l'abolition de la peine de mort, ont fini par s'imposer.

Sur les sites de rencontre, il arrive aussi qu'un petit nombre de personnes domine le classement et se retrouve avec un avantage considérable, peut-être injuste. De même, sur les plateformes de financement communautaire, un petit nombre de projets peut accaparer toute l'attention. Cela peut limiter la « productivité » de ces systèmes.

Des solutions commencent à émerger : introduire de l'aléa (voir page 22), regrouper les réponses par thèmes, etc.

## *La confiance*

La cité ne peut fonctionner si ses membres n'ont pas un minimum confiance les uns en les autres. Si nous n'avions pas confiance dans les banques, nous n'y déposerions pas notre argent, si nous n'avions pas confiance en les autres automobilistes, nous ne conduirions pas de voiture, etc. Il est, de même, essentiel que nous puissions avoir confiance dans les algorithmes avec lesquels nous interagissons tous les jours dans la cité.

L'équité des algorithmes, leur transparence, le fait qu'ils soient soucieux de la diversité, mais aussi leur fiabilité et leur sécurité, sont des propriétés essentielles pour instaurer cette confiance. Mais le dialogue des différents membres de la cité est aussi un facteur essentiel pour instaurer un climat de confiance. Les utilisateurs des algorithmes doivent, par exemple, mieux s'organiser pour engager un dialogue avec les entreprises, spécifier de meilleures pratiques, prévenir les pratiques déloyales ou opaques. La controverse d'Instagram, en 2012, illustre leur pouvoir : l'entreprise avait modifié sa politique de confidentialité, sans en informer clairement ses plus de cent millions d'utilisateurs. Une bronca parmi ces utilisateurs a fait reculer Instagram.

Évidemment, les gouvernements ont aussi une place à tenir pour participer à la définition de grands principes et d'orientations générales pour établir un environnement où machines et humains puissent coexister dans un climat de confiance. Certains gouvernements, par exemple celui de l'Union européenne, s'y essaient.

## *Mieux se comprendre*

Un dernier élément pour améliorer la confiance au sein de la cité est que ses membres se connaissent les uns les autres. Il reste beaucoup à faire pour que les humains et les algorithmes se comprennent.

Les algorithmes proposent encore souvent des interfaces trop complexes, trop rigides, et inutilisables. Cela montre leur ignorance des attentes des humains qu'ils sont supposés servir.

La bonne nouvelle est que ces interfaces s'améliorent : certaines cherchent, par exemple, à analyser les émotions de leurs utilisateurs et à s'y adapter.

Mais, pour se comprendre, il faut être deux. La situation des humains et des algorithmes n'est certes pas symétrique : c'est d'abord aux algorithmes qu'il revient de s'adapter aux humains, mais il serait aussi utile que les humains sachent un peu mieux ce que font les algorithmes, par exemple, ce qu'est un logiciel libre, un algorithme d'apprentissage, etc.

Ces propriétés d'équité, de transparence, d'accessibilité, de respect de la diversité, etc., ne sont pas nouvelles. Depuis des siècles, les démocraties s'efforcent, tant bien que mal, de les garantir à leurs citoyens. Les algorithmes peuvent nous permettre de les développer. Ils peuvent être plus justes que les humains, ils peuvent apporter plus de transparence dans les procédures administratives, ils peuvent offrir un traitement plus personnalisé qui tient compte de la diversité des membres de la cité. Mais ils peuvent aussi faire exactement le contraire.

Notre entrée dans le temps des algorithmes nous donne le choix entre une plus grande diversité d'organisations sociales. Ce qui nous donne d'autant plus de responsabilité : les algorithmes ne sont pas par essence justes ou transparents… Ils ne sont d'ailleurs pas non plus injustes ou opaques… Ils sont tels que nous les réalisons. C'est à nous de choisir comment nous voulons vivre, même si cela demandera des efforts importants, dans un monde dominé par des entreprises géantes.

– Tu sais comment mes copains t'appellent ? Le Robot-Geek, parce que tu nous saoules avec tes algorithmes.
– Moi aussi je peux te donner des surnoms. Je vais t'appeler « Miss Écolo ».
– Pourquoi ?
– Parce que tu es passionnée par l'écologie.
– Entre écologie et informatique, c'est l'amour ou la haine ?
– Un peu des deux, avec de grosses crises.
– Allez, raconte !

# *Informatique et écologie*

Les algorithmes transforment la relation entre les êtres humains et la nature, et par là même la nature. Cela nous conduit à nous interroger sur les liens entre la révolution informatique et un autre facteur contemporain de transformation du monde : la transition écologique.

Comme ces deux transformations se produisent à la même époque, la nôtre, nous devons nous poser la question de leur interaction. Mais l'analyse de cette interaction est rendue difficile par le fait qu'il n'y a pas plus unicité de la pensée informatique, que de la pensée écologiste. En cherchant ce qui rassemble ou oppose informatique et écologie, nous risquons souvent de trouver ce qui rassemble ou oppose simplement certains informaticiens et certains écologistes. Il est toutefois possible d'essayer de dégager des tendances globales, qui dépassent les différences au sein d'un mouvement et de l'autre.

## *Algorithmes et réchauffement de l'atmosphère*

Même si le projet écologiste existe, dans une forme proche de sa forme actuelle, depuis la fin des années soixante, l'une de ses actions structurantes, depuis la fin des années quatre-vingt, est la lutte contre le réchauffement de l'atmosphère et des océans. Or, cette thèse du réchauffement de l'atmosphère et des océans doit beaucoup à une révolution de la méthode scientifique, qui s'est produite au cours des années quatre-vingt : le développement de modèles algorithmiques. Ce sont de tels modèles du climat qui nous ont menés à conclure que l'atmosphère et les océans allaient, à l'avenir, se réchauffer. C'est sur de tels modèles que se basent les travaux du Groupe d'experts intergouvernemental sur l'évolution du climat, créé en 1988, en vue de « fournir des évaluations détaillées de l'état des connaissances scientifiques, techniques et socio-économiques sur les changements climatiques, leurs causes, leurs répercussions potentielles et les stratégies de parade ».

En plus de prédire les évolutions du climat, si nous gardons les mêmes modes de développement, ces modèles permettent aussi d'évaluer l'efficacité des stratégies imaginées pour modérer ce réchauffement de l'atmosphère et des océans. Il suffit, par exemple, dans un modèle algorithmique, de changer un paramètre, comme l'émission de dioxyde de carbone ou de dioxyde de soufre, pour évaluer l'impact que nous pourrons avoir sur la température de l'atmosphère et des océans, si nous parvenons à limiter ou à augmenter ces émissions. L'informatique est ainsi devenue un outil indispensable pour étudier les évolutions du climat.

## *Algorithmes et systèmes complexes*

L'informatique est aussi un outil indispensable pour gérer des systèmes énergétiques complexes. Pour produire de l'électricité, nous avions l'habitude, au XX^e siècle, de construire de grosses unités, comme une centrale nucléaire ou un barrage, puis de distribuer l'électricité produite par une telle unité dans un vaste territoire. L'organisation d'un tel dispositif était relativement simple.

Le chemin d'un développement plus durable passe aujourd'hui par des solutions plus locales. Mais ces solutions sont beaucoup plus complexes. Nous voulons produire de l'électricité localement et la distribuer localement, c'est-à-dire en minimisant le déplacement de l'électricité produite. Cela demande de faire coopérer de nombreuses unités de production très différentes : panneaux solaire, éoliennes, centrales thermiques, etc., de s'adapter rapidement, et en permanence, aux variations de la demande, de gérer des liens et des contraintes multiples, ce qui ne peut se faire qu'en utilisant des algorithmes.

Par exemple, un réseau électrique « intelligent » permet à un grand nombre de consommateurs et de fournisseurs d'échanger de l'électricité, d'une manière très similaire à celle dont les réseaux informatiques permettent d'échanger des données. Un tel réseau doit en permanence adapter la production à la consommation. Cela ne peut fonctionner qu'avec des algorithmes d'optimisation sophistiqués. Nous pourrions peut-être faire fonctionner une centrale nucléaire sans ordinateur, mais pas un réseau électrique intelligent.

Si l'écologie nous invite à la décentralisation de la production d'électricité, elle nous invite aussi à la décentralisation dans d'autres domaines, par exemple la production agricole, avec l'agriculture de proximité. Cela conduit aussi à des systèmes complexes de production et de distribution, à des modèles économiques qui ne peuvent être déployés avec succès qu'en s'appuyant sur des algorithmes d'optimisation, des systèmes de gestion de flots, des réseaux sociaux, des services web, etc.

## *L'informatique consommatrice d'électricité*

Venons-en maintenant à une question qui oppose, davantage qu'elle ne rassemble, l'informatique et l'écologie : la consommation d'électricité par les ordinateurs.

Les premiers ordinateurs, tel l'ENIAC, consommaient autant d'électricité qu'une petite ville. Aujourd'hui, un téléphone est plus puissant que l'ENIAC, mais il ne consomme quasiment rien. Un ordinateur consomme donc de moins en moins d'électricité, mais les ordinateurs sont de plus en plus nombreux, si bien que, dans leur ensemble, en incluant les milliards de téléphones, tablettes, tous ceux des *data centers*, etc., ils ont une consommation électrique significative. Cette consommation d'électricité est responsable de 2 % des émissions de dioxyde de carbone dans l'atmosphère. Ces émissions sont certes beaucoup moins importantes que celles du chauffage urbain ou des du transport automobile, mais elles sont déjà comparables à celles du transport aérien, ce qui justifie une réflexion sur la manière de réduire cette consommation d'électricité.

Certains proposent par exemple que nous nous abstenions d'envoyer des courriers électroniques inutiles ou que nous évitions les pièces attachées de grande taille. Mais de telles économies sont marginales. En 2019, 80 % du trafic mondial sur Internet sera de la vidéo. Les courriers électroniques, avec ou sans pièces attachées, représentent une part infime du trafic des données et donc de la consommation d'électricité. En revanche, optimiser le trafic des vidéos pourrait avoir un impact non négligeable. Le plus souvent, les vidéos que nous visionnons en flux continu se trouvent sur un serveur situé à l'autre bout de la Terre. Son transfert jusque chez nous est donc coûteux en électricité. Si nous pouvions trouver la même vidéo sur un serveur proche de chez nous, par exemple sur le serveur d'un voisin qui l'a visionnée récemment, la quantité d'électricité nécessaire à son acheminement serait moindre. Cette solution, « le streaming en pair-à-pair », est encore peu déployée. Elle pourrait pourtant être à l'origine d'économies importantes.

Une autre idée étudiée est de récupérer la chaleur produite par les ordinateurs. Comme un radiateur électrique, un ordinateur transforme de l'énergie électrique en énergie thermique, mais, contrairement au radiateur dont c'est l'effet principal, cette transformation, dans le cas d'un ordinateur, est un effet secondaire. Cette transformation est irréversible : nous ne pouvons pas complètement retransformer l'énergie thermique en énergie électrique. En revanche, nous pouvons tirer parti de cette énergie thermique en tant que telle. C'est d'ailleurs ce qui se produit, quand nous utilisons un ordinateur dans une maison en hiver : en plus de faire un calcul, l'ordinateur contribue au chauffage de la maison et nous pouvons donc baisser un peu le chauffage, économisant ainsi exactement l'électricité consommée par l'ordinateur.

En revanche, ce n'est pas ce qui se produit dans un *data center* : l'énergie thermique émise par les ordinateurs est rejetée dans l'atmosphère par le système de ventilation. D'où l'idée de plutôt utiliser cette chaleur, là où nous en avons besoin, par exemple pour chauffer nos maisons. De telles solutions sont encore peu répandues, mais nous pouvons imaginer que, demain, des ordinateurs remplaceront nos radiateurs électriques, qui transforment « bêtement » de l'énergie électrique en énergie thermique, sans même en profiter pour effectuer un calcul.

Outre de l'électricité, nos ordinateurs requièrent d'autres ressources. La fabrication de leurs batteries et de leurs écrans demande par exemple d'utiliser des « terres rares », comme le lanthane. Contrairement à ce que leur nom indique, ces métaux sont assez abondants dans l'écorce terrestre, mais leur extraction est difficile et très toxique pour les populations vivant près des mines. Dans certains pays ils sont extraits dans des conditions sanitaires déplorables.

À l'autre extrémité, comme les ordinateurs, téléphones, tablettes, etc., ont une durée d'utilisation assez courte, ils deviennent rapidement des déchets, dont seule une petite partie est aujourd'hui recyclée.

L'informatique a pris une telle place dans nos vies qu'il devient nécessaire de prendre en compte ces différents aspects dans son développement : aussi bien l'électricité consommée par le fonctionnement des ordinateurs, que les matériaux utilisés pour les construire et leur devenir une fois qu'ils ne sont plus utilisés. Une solution est sans doute la production d'objets plus solides et plus durables.

## *Les valeurs*

Les informaticiens et les écologistes partagent, pour nombre d'entre eux, un certain nombre de valeurs. Par exemple, ils s'accordent sur le fait que l'humanité, par ses actions, peut transformer le monde. Le slogan, quelque peu ironique : « *To make the world a better place* » de la série *Silicon Valley* pourrait aussi être un slogan écologiste. Ensuite, la solidarité et le partage qui sont au cœur du mouvement des logiciels libres et des données ouvertes, sont aussi au cœur de certains mouvements écologistes.

En revanche, les informaticiens et les écologistes peuvent se trouver en désaccord sur ce qui constitue un progrès. La pensée informatique est par nature plutôt ouverte au changement, oublieuse parfois de questionner s'il est vraiment un progrès. Par contraste, la pensée écologique est parfois conservatrice, par exemple quand elle prône la protection d'une nature immuable.

Les transitions écologique et informatique ont donc un certain nombre de convergences, mais aussi de points de friction. Elles sont l'une et l'autre un puissant facteur de transformation de nos sociétés et leur interaction façonne en partie notre futur.

– Pourquoi dis-tu toujours que je te saoule avec mes algorithmes ?
– Je rigole, je rigole… C'est juste que j'aime mieux aller jouer avec les copains qu'aller en cours d'informatique.
– Pourtant, je n'arrive pas à te décrocher de ton écran quand tu es en train d'écrire des programmes.
– C'est vrai que j'adore ça ! Mais, ça sert à quoi en fait d'apprendre l'informatique ?

# *L'enseignement de l'informatique*

Un peu partout dans le monde, les gouvernements prennent conscience de l'importance, au temps des algorithmes, d'enseigner l'informatique à l'école, au collège et au lycée. En France, par exemple, l'Académie des sciences déclarait, en 2013, que : « La décision essentielle à prendre [était] de mettre en place un enseignement de science informatique depuis le primaire jusqu'au lycée… ». Aux États-Unis, Barack Obama déclarait en 2016 : « Dans la nouvelle économie, l'informatique n'est plus une compétence optionnelle. C'est une compétence basique, comme la lecture, l'écriture et l'arithmétique. »

L'enseignement de l'informatique est réapparu, en France, dans les programmes du lycée de 2012, par un timide enseignement de spécialité en terminale scientifique et il s'est développé, depuis, à l'école et au collège. Beaucoup reste cependant à faire, notamment pour recruter suffisamment d'enseignants compétents.

Il y a au moins deux motivations pour apprendre l'informatique : d'abord pour vivre dans notre monde où les algorithmes sont omniprésents, ensuite pour y travailler.

Bien entendu, ces deux motivations ne s'opposent pas. Comprendre, par exemple, ce que sont les applications d'un téléphone et comment elles sont développées est utile à la fois dans un cadre professionnel et personnel. Par exemple, un coiffeur peut développer, ou faire développer, une application pour que ses clients prennent rendez-vous. Ce même coiffeur peut utiliser une application pour préparer ses vacances en famille. Naturellement, l'importance relative de ces deux motivations varie en fonction de l'âge des élèves. La vocation de l'école est davantage d'aider les citoyens à se construire. Au lycée, en revanche, les élèves commencent à se projeter dans un avenir professionnel.

## *Vivre au temps des algorithmes*

Une motivation pour apprendre l'informatique est de préparer les élèves à vivre dans notre monde, où les algorithmes sont omniprésents. Pour cela, il faut leur expliquer comment ce monde fonctionne. Aujourd'hui, l'école explique beaucoup comment fonctionnait le monde au XX^e^ siècle. Par exemple, l'électromagnétisme permet de comprendre les téléphones qui existaient à cette époque. Mais un téléphone, aujourd'hui, avec ses millions de lignes de code, manipule de l'information numérique et sa compréhension passe par celle des algorithmes qui l'animent.

Nous avons vu que l'informatique transformait les notions de travail, de propriété, de gouvernement, de responsabilité, de vie privée, etc. Il est aujourd'hui impossible d'appréhender notre monde sans un minimum de culture en informatique. C'est pour cela que, à côté de la physique et de la biologie, par exemple, il est devenu nécessaire d'enseigner aussi l'informatique.

## *Travailler au temps des algorithmes*

Au lycée, les élèves commencent à se préparer à un métier. Parmi eux, certains seront informaticiens. Le secteur de l'informatique souffre d'un problème chronique de chômage négatif : davantage de demande que d'offre de travail. Il faut donc former plus de jeunes aux métiers de l'informatique. De responsable de système d'information à concepteur de site web, en passant par développeur de logiciel, ces métiers s'appuient sur une gamme très large de compétences et peuvent correspondre à des élèves aux talents très divers : mathématiques, organisationnels, artistiques, etc. De nouveaux métiers apparaissent sans cesse : par exemple, le métier de « *data scientist* » n'existait pas il y a encore quelques années.

Ce métier illustre bien une tendance à la pluridisciplinarité : un *data scientist*, dont le travail consiste à analyser des masses de données, doit avoir des compétences en informatique, mais aussi en statistiques et souvent dans le domaine dans lequel il analyse des données. S'il se spécialise, par exemple, dans le journalisme de données, il lui faut aussi apprendre un peu le métier de journaliste. Comment développer des compétences dans trois domaines aussi différents ? En faisant de longues études et en continuant à se former tout au long de sa vie.

Au-delà des métiers de l'informatique, des bases d'informatique sont utiles dans tous les métiers, car la capacité d'utiliser l'informatique pour innover constitue l'un des principaux facteurs de compétitivité des entreprises. Cela est vrai, par exemple, dans le secteur de l'automobile, où le développement de logiciels représente une part importante du coût de conception d'un nouveau véhicule, mais aussi dans la grande distribution, qui a vu arriver les achats sur le Web, dans l'éducation, transformée par les cours en ligne, dans l'agriculture, avec ses tracteurs pilotés par GPS, etc.

De même, dans la recherche : un physicien des plasmas passe souvent une partie importante de son temps à développer des programmes de simulation. Il est, bien entendu, physicien avant tout, mais il est désormais aussi un peu informaticien. De même, il n'est plus possible aujourd'hui d'expliquer la biologie, l'économie, la climatologie, etc., sans parler d'algorithmes.

Pouvons-nous trouver des métiers dans lesquels l'informatique ne joue aucun rôle ? Les chauffeurs de taxis pensaient peut-être pouvoir exercer leur métier sans rien comprendre à l'informatique. Mais, en trente ans à peine, ils ont vécu trois révolutions : d'abord l'arrivée du GPS qui a permis aux compagnies de taxis d'embaucher des chauffeurs qui ignoraient où étaient la Canebière ou l'avenue des Champs-Élysées, puisque les GPS pouvaient les y guider. Ensuite, les applications de réservation en ligne, qui leur ont permis d'échanger de l'information avec leurs clients, sans avoir besoin d'une lumière verte sur le toit, ce qui a permis l'apparition de taxis sans licence : les voitures de transport avec chauffeur. Enfin, les véhicules sans conducteur arrivent, qui changeront sans doute définitivement leur métier. Les métiers évoluent rapidement au temps des algorithmes, et chacun doit comprendre un peu d'informatique pour anticiper ces transformations et s'y préparer, au lieu de les subir.

## *Que faut-il enseigner ?*

La définition du contenu d'un nouvel enseignement n'est pas chose facile : quelles sont les connaissances essentielles et quelles sont les techniques qu'il est indispensable d'apprendre à maîtriser ?

Une tentation, dans un domaine qui, comme l'informatique, se transforme rapidement, est de toujours vouloir être à la mode, de toujours enseigner la dernière innovation. C'est le moyen le plus sûr d'être toujours en retard. C'est pourquoi il faut, au contraire, se focaliser sur les connaissances pérennes. Au lieu d'enseigner le langage de programmation en vogue, enseignons les principes des langages de programmation : les constructions fondamentales qui reviennent dans tous les langages, les raisons qui expliquent la pluralité des langages, etc. Pour mettre ces connaissances en pratique, il faut, bien entendu, utiliser un langage ou plusieurs. Mais la disparition même de ces langages n'aura pas une grande importance, car les élèves auront appris à en apprendre d'autres.

Quand les pionniers ont commencé à enseigner l'informatique à l'université à la fin des années cinquante, ils tâtonnaient. Aujourd'hui, même si nous pouvons toujours améliorer notre réflexion, nous disposons d'assez de recul pour nous accorder sur le contenu des cours d'informatique. Le socle des connaissances fondamentales s'organise autour de quatre grands concepts : algorithme, machine, langage et information. Les élèves doivent aussi s'imprégner des rudiments de la pensée informatique (voir page 58).

Une étape importante de l'apprentissage de l'informatique est l'apprentissage de la programmation, qui est un moyen de mettre ses connaissances en pratique. Toutefois, cet apprentissage ne doit pas devenir une fin en soi. Le but de cet enseignement n'est pas de former des programmeurs experts.

Les élèves doivent aussi comprendre comment l'informatique a transformé les entreprises en les structurant autour de leurs systèmes d'information. Ils doivent également comprendre comment elle a transformé les autres champs du savoir, par exemple la biologie. Dans un premier temps, l'informatique a été un outil pour réaliser des calculs, comme séquencer le génome. Dans un second temps, la pensée informatique s'est diffusée en biologie, et l'informatique a servi à décrire et simuler, par exemple, le fonctionnement de la cellule. Ce schéma se retrouve dans de nombreuses autres disciplines : en statistique, en physique, dans les sciences humaines. Le langage des algorithmes est ainsi devenu une *lingua franca* qui unit les sciences.

## *Comment l'enseigner ?*

En 2014, le rapport du Conseil national du numérique *Jules Ferry 3.0, bâtir une école créative et juste dans un monde numérique* réaffirme l'urgence d'enseigner l'informatique de l'école primaire au lycée. Il insiste sur la manière d'enseigner l'informatique : « À la fois science et technique, l'informatique se prête mal à des cours magistraux. Essayer de l'enseigner au tableau, comme on enseigne les mathématiques, peut donc conduire à son rejet par une proportion importante d'élèves. En informatique, les meilleurs résultats sont obtenus par une démarche de projets, le plus souvent en groupe… »

Partageons une petite excursion dans un cours d'informatique au collège. La salle de classe ressemble à un *open space*. Les élèves travaillent en petits groupes et cherchent à atteindre un objectif, par exemple étudier la croissance de leur ville au cours de l'histoire. Les données pour cette étude sont disponibles sur le Web. Les élèves ont essayé un logiciel graphique, qui ne fait pas exactement ce qu'ils veulent. Ils ont donc décidé d'écrire eux-mêmes un programme pour illustrer leurs données de manière graphique. L'enseignant leur a expliqué un algorithme pour ce faire. Les élèves analysent les problèmes, proposent des solutions, les expérimentent, découvrant ainsi les rudiments des méthodes de conception de logiciels. Ils apprennent de leurs interactions avec leurs enseignants, avec les autres élèves, et aussi de leurs erreurs. Leur enseignant doit presque les expulser de la salle à la fin du cours : ils resteraient bien pour essayer une dernière idée.

Nous avons pris l'exemple d'un projet de géographie historique. Nous aurions pu en choisir en lien avec la physique, la biologie, la littérature, l'économie, etc. L'apprentissage de l'informatique est aussi une occasion de décloisonner les disciplines.

## *L'inclusion*

Le système scolaire français a été fondé sur l'idée d'égalité, mais de nombreux observateurs s'alarment du fait qu'il produit de plus en plus d'inégalités. Des élèves sont abandonnés le long du chemin, nous leur avons même trouvé un nouveau nom : les « décrocheurs ». Surcharger encore les programmes avec un enseignement d'informatique ne conduirait-il pas à davantage encore de décrochage ? Nous ne le pensons pas, pour au moins trois raisons.

Tout d'abord, l'informatique plaît à nombre de décrocheurs, qui y trouvent un moyen de se réconcilier avec l'école. Le travail en équipe, un but concret à atteindre, la possibilité d'apprendre de ses erreurs, etc., leur permettent de se débrouiller dans au moins une matière, et parfois d'acquérir le sentiment qu'ils pourraient aussi se débrouiller dans les autres.

Ensuite, la compréhension de l'informatique démystifie certains outils numériques, qui permettent aux décrocheurs de rattraper leur retard dans d'autres disciplines fondamentales. Par exemple, d'excellents environnements numériques permettent d'apprendre la lecture, l'écriture et le calcul. Nombreux sont ceux qui se sont raccommodés, au moins en partie, avec l'orthographe, en utilisant le correcteur orthographique d'un logiciel de traitement de texte.

Enfin, enseigner l'informatique permet d'éviter que les objets informatiques et les connaissances en informatique ne deviennent des marqueurs sociaux. Les enfants des milieux favorisés ont accès aux meilleurs ordinateurs, tablettes, téléphones, et surtout à un enseignement de l'informatique, à l'extérieur de l'école. Les autres élèves n'en sont que plus exclus du monde des algorithmes. Un enseignement de l'informatique à l'école leur permet d'échapper à cette exclusion.

## UNE HISTOIRE HÉSITANTE

L'histoire de l'enseignement de l'informatique a débuté en France, en 1967, avec le Plan calcul dont l'un des volets consistait à développer l'enseignement de l'informatique, puis par le Plan informatique pour tous, en 1985, qui visait à équiper massivement en ordinateurs les établissements scolaires et à former des enseignants à l'informatique. Les expérimentations se multipliaient, malgré une difficulté déjà pointée à l'époque : la rareté des enseignants compétents. C'est ce qu'indique le Rapport Simon qui, en 1980, se conclut sur la proposition de création d'un Capes d'informatique. Nous pouvons en rire ou en pleurer : aujourd'hui, les enseignants compétents sont encore trop peu nombreux, et des rapports proposent, avec régularité, la création d'un tel Capes. Sur ce point, les voies de l'Éducation nationale sont impénétrables.

Le début des années quatre-vingt-dix est l'époque d'une contre-révolution. L'enseignement de l'informatique disparaît, remplacé par un projet sans queue ni tête : le brevet Informatique et Internet. Nous retrouvons des schémas semblables dans d'autres pays, tel le Royaume-Uni. L'informatique a tellement fait de progrès, que la thèse selon laquelle il est possible de l'utiliser sans rien y comprendre s'épanouit ici et là. L'enseignement se focalise sur les usages : il faut apprendre à utiliser un éditeur de texte, d'un tableur, d'un moteur de recherche, etc. Il faudra presque vingt ans pour comprendre qu'il n'est possible de bien maîtriser de tels outils qu'en comprenant comment ils fonctionnent, et surtout pour prendre conscience que comprendre ces outils ne suffit pas.

Le grand public semble avoir, mieux que les responsables politiques, pris la dimension du problème : selon un sondage TNS-Sofres pour Inria, en 2014, 64 % des Français pensent que l'éducation au numérique doit permettre de comprendre les langages de programmation, 50 % de programmer soi-même, 62 % de produire et de publier du contenu sur le Web. Le grand public sait, certains politiques savent, mais le ministère de l'Éducation nationale a longtemps regardé ailleurs.

Finalement, à la suite de rapports, notamment ceux de l'Académie des sciences et du Conseil national du numérique, de l'action des sociétés savantes, comme la Société Informatique de France, d'associations, telles qu'*Enseignement public et informatique* et de la prise de conscience du public, la situation a récemment évolué. Des réflexions entamées en 2007 ont abouti à la réintroduction d'un enseignement de spécialité au lycée en 2012, puis à sa généralisation à l'école et au collège en 2016 : enseignement obligatoire en primaire, enseignement obligatoire, mais pourfendu entre les cours de mathématiques et de technologie au collège, enseignement facultatif au lycée dans toutes les séries. Beaucoup reste à faire, notamment en matière de recrutement des enseignants. Mais la situation évolue dans le bon sens, surtout grâce au dévouement d'enseignants passionnés.

– Robot, sommes-nous tous les deux si différentes ? Je peux me mettre des prothèses aux jambes pour courir aussi vite qu'Oscar Pistorius, et bientôt une extension mémoire de quelques téraoctets pour ne plus avoir à apprendre mes leçons…
– Mais tu resteras toujours une personne et moi un robot.
– Es-tu plus intelligente que moi ?
– Des humains très intelligents ont essayé de définir l'intelligence, mais ils n'y sont pas vraiment arrivés. Je ne sais pas si je suis intelligente, mais je suis experte en escroquerie. Au téléphone, je peux me faire passer pour toi, et tes copains n'y voient que du feu.
– Dis, Robot, tu m'aimes ?
– Oui, si cela te fait plaisir.
– Tu m'aimes pour de vrai ?
– Pas si cela t'effraie. Disons que je t'aime pour de rire…

# *L'humain augmenté*

Quelle singularité pouvions-nous encore revendiquer au XXe siècle ?

Nous savions, bien entendu, que la Terre n'était pas au centre de l'Univers. Et, également, que nous étions des eucaryotes, du règne animal, de la classe des mammifères et de l'ordre des primates. Mais nous pensions encore nous distinguer par plusieurs qualités : nous sommes doués de parole, nous transmettons de génération en génération des cultures qui nous distinguent les uns des autres, nous avons une conscience de nous-mêmes, nous échangeons des biens, nous sommes capables d'empathie, etc. Distinctions que nous rappelaient nos mythes et nos fables, qui jouaient par exemple sur l'étrangeté d'une cigale et d'une fourmi conversant comme des humains ou d'un pantin de bois un jour transformé en enfant.

L'humanisme, cette idée d'une singularité de l'homme dans le monde, se trouve paradoxalement questionné sur le plan scientifique et philosophique, au moment même où sont célébrées ses nombreuses conséquences positives sur le plan moral, telle la valorisation de la vie humaine. Deux raisons mènent, en effet, à remettre cette singularité de l'homme en question. La première nous vient de l'étude du comportement animal : le langage, la transmission de traits culturels, la conscience de soi, etc., que nous croyions être l'apanage de l'humanité, se révèlent finalement présents à des degrés divers dans le règne animal.

La seconde est que nous perdons un peu de cette singularité, chaque fois que nous construisons un algorithme capable de simuler une faculté que nous croyions jusqu'alors exclusivement humaine. Jouer aux échecs, par exemple, a longtemps été perçu comme l'exemple parfait d'une faculté typiquement humaine. Nous n'avons jamais réussi à apprendre ce jeu à un bonobo, ni à un pantin de bois. Et l'automate capable de jouer aux échecs, construit à la fin du XVIIIe siècle par Johann Wolfgang von Kempelen, était un canular. Pourtant, depuis la défaite du champion du monde Garry Kasparov, en 1997, contre l'ordinateur d'IBM, Deep Blue, personne ne s'aventure plus à prétendre qu'un ordinateur ne peut pas jouer aux échecs.

Cette remise en question de l'humanisme conduit au développement de courants de pensée qui proposent, par exemple, d'augmenter les humains en les hybridant avec des machines, ou qui soutiennent que les ordinateurs ont, ou auront bientôt, une véritable intelligence et de véritables sentiments. Plus que d'être vraies ou fausses, ces thèses ont le mérite de nous mener à poser un regard neuf sur une question ancienne : quelle est cette chose que nous appelons « humanité » ?

## *Nos facultés augmentées*

Une calculatrice peut effectuer des multiplications, non aussi bien qu'un humain, mais mieux, c'est-à-dire plus vite et en faisant moins d'erreurs. Pourquoi alors ne pas augmenter nos facultés d'effectuer, par exemple, des multiplications en nous hybridant avec des machines. Nous pouvons imaginer plusieurs manières de nous le faire : greffer un circuit électronique dans notre boîte crânienne ou alors, plus modestement, un câble qui sortirait de notre boîte crânienne, auquel nous pourrions connecter un circuit électronique, qui resterait à l'extérieur de notre corps. Ces deux solutions sont géométriquement différentes, mais elles sont fonctionnellement identiques.

La seconde a cependant le mérite de nous montrer que nous sommes déjà de tels cyborgs. Des câbles sortent en effet déjà de nos boîtes crâniennes : nos nerfs optiques. Ces nerfs se relient parfaitement à un ordinateur, en utilisant une interface formée d'un écran et de deux yeux. De même, nos nerfs moteurs se relient parfaitement à un ordinateur en utilisant deux mains et un clavier.

Dès que nous dépassons l'idée dérangeante de connecter directement le câble optique d'un ordinateur à nos nerfs optiques, en court-circuitant l'écran et les yeux, la banalité de cette idée d'hybridation apparaît rapidement : depuis que nous fabriquons des outils, ces outils nous augmentent. Les marteaux augmentent la force de nos bras, les livres et les bibliothèques augmentent nos mémoires, les prothèses auditives et les implants cochléaires augmentent nos ouïes, etc. Il n'y a aucune raison de s'étonner que, aux Jeux olympiques de 2012, le sprinter Oscar Pistorius, amputé des deux jambes, ait couru avec des prothèses, aussi vite que les meilleurs athlètes. Nous savons, depuis toujours, nous dépasser en utilisant des outils. La seule véritable question, dans ce cas particulier, est de savoir si, sur le plan de l'équité sportive, leur absence de prothèses handicapait ou non les autres athlètes.

## *Une autre espèce?*

Ainsi augmentés, sommes-nous encore des humains? Ou les cyborgs que nous sommes devenus constituent-ils une autre espèce, « les transhumains », avec laquelle les humains sont en compétition, dans un processus de sélection naturelle?

Si tel est le cas, les transhumains sont la première espèce fabriquée par une espèce antérieure et non apparue par différentiacion. Si tel est le cas, et si les transhumains ont été construits pour être mieux adaptés à la survie dans leur milieu, nous pouvons aussi prophétiser que les humains seront défavorisés dans le processus de sélection naturelle, et qu'ils constituent donc une espèce en voie de disparition.

À nouveau, dès que nous dépassons cette manière dérangeante de poser la question, sa banalité apparaît: la notion d'espèce est l'une des plus mal définies de la biologie, si bien que nous pouvons nous demander si les agriculteurs du Néolithique appartiennent à la même espèce que les chasseurs-cueilleurs du Paléolithique. Si nous décidons que tel n'est pas le cas, nous pouvons alors dire qu'une nouvelle espèce est apparue au Néolithique, et que cette espèce a supplanté l'espèce des chasseurs-cueilleurs, qui est désormais éteinte, à l'exception de quelques spécimens retranchés au fin fond de l'Amazonie.

Mais cette manière de décrire la révolution néolithique l'éclaire-t-elle d'une nouvelle lumière ? Nous en doutons.

Il nous semble plus pertinent de supposer que cette faculté de nous augmenter, la technique, fait partie de notre humanité. Certains humanistes ont même un temps pensé qu'elle en était caractéristique. Nous ne sommes donc jamais plus humains que quand nous remplaçons un bras amputé par une prothèse mue par la pensée.

## *Des humains sur mesure ?*

Plus pertinente également est la question des limites que nous devons nous imposer, pour des raisons éthiques, dans ce processus d'augmentation des humains.

Nous pouvons, par exemple, nous inquiéter de la possibilité d'« augmenter » nos enfants en utilisant un algorithme pour en choisir le génome dès la conception. Si nous donnons la possibilité, aux parents riches, de concevoir des enfants « sur mesure » – ce serait le premier programme eugéniste de l'histoire, au sens étymologique du mot : *εὖ* « bien » *γεννάω* « donner naissance » – nous risquons de voir la proportion de garçons, blancs, grands, beaux et intelligents croître rapidement.

Indépendamment de la déstabilisation de la société qu'un tel programme induirait, il fragiliserait l'espèce, en réduisant sa diversité génétique.

À l'inverse, même si la sinistre histoire du xxe siècle a rendu le mot « eugénisme » tabou, pouvons-nous, au nom de la préservation de la diversité génétique, refuser aux parents d'augmenter leurs enfants, afin qu'ils ne souffrent pas d'une maladie qui, par exemple, limiterait leur espérance de vie à quelques années ?

Il n'est certainement pas simple de tracer ici une ligne entre ce qui est éthiquement acceptable et ce qui ne l'est pas.

## *L'immortalité*

Une autre question posée par cette idée est celle de la possibilité de nous augmenter jusqu'à devenir immortels.

La médecine permet aujourd'hui de guérir des maladies naguère mortelles et elle « répare » des êtres humains, par exemple en remplaçant des organes défaillants par des prothèses. L'espérance de vie augmente ainsi vertigineusement. Il n'en faut pas plus à certains pour extrapoler que nous vivrons bientôt cent vingt ans, mille ans, ou, pourquoi pas, éternellement.

Depuis *L'Épopée de Gilgamesh*, nous croyions savoir qu'« il n'est pas dans la nature de l'homme d'être immortel ». Mais, en abandonnant peu à peu l'idée d'une nature, c'est-à-dire d'une singularité, de l'homme, nous somme conduits à réinterroger cette idée de la fatalité de la mort.

Ce questionnement prend des formes multiples. La première est celle de la possibilité de réparer le corps humain. Un système d'information est constitué de données, davantage que de machines. Nous sommes capables de le réparer en remplaçant ses composants matériels, l'un après l'autre, sans en altérer les données, c'est-à-dire sans le modifier fondamentalement. Il est ainsi rendu pérenne, voire éternel. Cela nous mène à nous demander si nous ne pourrions pas, un jour, de même, remplacer nos organes, les uns après les autres, sans modifier les données qui constituent notre personne.

Ensuite, voir de nombreux phénomènes comme des échanges d'informations (voir page 60) nous permet de jeter un nouveau regard sur le vieillissement, dont nous commençons à comprendre les causes. Notre corps ne serait-il pas programmé pour vieillir ? Et si tel est le cas, ne pourrions-nous pas le reprogrammer ?

Enfin, nous savons protéger un système d'information contre les pannes en sauvegardant ses données. Ne pourrions-nous pas, de même, sauvegarder toutes les données qui constituent notre personne sur un disque et réaliser ainsi un « back-up » de nous-mêmes ? Ne serions-nous pas alors devenus immortels ?

De telles interrogations n'aident sans doute pas les infirmières des unités de soins palliatifs, dans leur travail quotidien. De même que les interrogations sur les possibilités de calcul d'un ordinateur qui compterait un trou noir parmi ses composants, n'aident pas vraiment les informaticiens qui cherchent à concevoir les ordinateurs que nous achèterons dans deux ans. Mais tel n'est pas leur but.

Le but de ces interrogations est davantage de comprendre, de manière scientifique, les raisons pour lesquelles nous sommes mortels, en nous libérant du carcan culturel qui postule que cela est dans notre nature. Tenter de jeter ainsi un regard neuf sur un problème ancien et se libérer des préjugés culturels qui faussent notre jugement sont l'essence même de la démarche scientifique.

## *Augmentés ou diminués ?*

Dernière question posée par cette idée : nous augmenter ainsi par la connexion presque permanente de notre cerveau à un ordinateur contribue-t-il à un enrichissement, ou au contraire à un appauvrissement de nos esprits ? Certains affirment, par exemple, que le Web détruit notre capacité de concentration, que Google nous rend stupides, que les jeunes ne lisent plus, qu'ils n'écrivent plus... D'ailleurs, essaieraient-ils, ils ne maîtrisent plus assez la langue pour cela. Ces affirmations sont-elles vraies ? Et sont-elles nouvelles ?

Nous pouvons, par exemple, douter de la diminution de la capacité de lecture des jeunes, quand nous voyons que l'un des plus grand succès de librairie des deux dernières décennies est un roman de trois mille six cents pages : la saga *Harry Potter*. Surtout, ce phénomène de librairie se double d'un second phénomène tout aussi intéressant : l'éclosion de la « fiction de fans » : des récits, partagés en ligne, qui prolongent romans, séries et mangas. Les écrivains de « fiction de fans », jeunes le plus souvent, écrivent massivement. Plus de sept cent mille histoires ont été écrites prolongeant la saga *Harry Potter*. Cela devrait nous mener à relativiser nos fantasmes d'une jeunesse connectée qui ne saurait plus lire et écrire.

Nous pouvons également douter de la nouveauté de ces propos. Chaque génération invente de nouveaux mots, de nouvelles formes syntaxiques – faute de quoi la langue resterait figée à jamais – et de nouveaux rapports à la connaissance, qui font disparaître les anciens et suscitent souvent l'incompréhension de la génération précédente. Par exemple, nous savons que, avant l'écriture, l'histoire, la loi et la littérature étaient transmises oralement, ce qui demandait d'apprendre par cœur des textes assez longs, tels que l'*Iliade* ou l'*Odyssée*, auprès de ceux qui les savaient. Mais cette tradition de mémorisation a disparu avec l'écriture. Cinq siècles après l'adoption de l'écriture par les Grecs, Platon fustigeait encore son emploi, en opposant le discours de celui qui sait, au discours écrit qui n'en est « à proprement parler que l'image ».

L'écriture, l'alphabet, l'imprimerie, puis l'informatique nous ont augmentés. Et il est remarquable que le discours de leurs contempteurs soit resté si stable au cours des siècles.

# *Un algorithme peut-il être intelligent ?*

Au temps des algorithmes, de nouvelles peurs sont apparues, parmi lesquelles celle que nous soyons un jour dépassés, voire asservis, par de nouveaux êtres : des transhumains favorisés par la sélection naturelle, mais aussi, plus simplement, par des ordinateurs, ou des algorithmes, plus intelligents que nous. Ce qui nous conduit à une question, que les informaticiens se posent depuis les années cinquante : un algorithme peut-il être intelligent ? Cette question en appelle deux autres : que signifie l'adjectif « intelligent » ? Pouvons-nous créer un être intelligent ?

## *Créer un être intelligent*

La création d'un être humain, par d'autres moyens que la reproduction sexuée, est un vieux thème de la mythologie et de la littérature : le sculpteur Pygmalion qui tombe amoureux de Galatée, la statue qu'il a créée, rendue vivante par Vénus ; le rabbin Loew, qui fabrique un humanoïde, le Golem, à partir de terre glaise, pour défendre sa communauté contre les pogroms ; le docteur Frankenstein à qui sa créature échappe ; Geppetto dont le pantin de bois, Pinocchio, s'anime soudain, etc.

Avec l'informatique, cette question de la possibilité de créer un être intelligent a quitté le domaine de la mythologie, de la magie et de la littérature pour devenir une question scientifique.

## *Un problème de point de vue*

Un robot se promène dans un labyrinthe, avance, tourne à gauche, tourne à droite, fait demi-tour et, finalement, trouve la sortie de ce labyrinthe. Nous interrogeons une base de données : « Où puis-je revoir *2001 : L'Odyssée de l'Espace* ? » Elle nous indique un cinéma du quartier. Elle a compris notre question et a su y répondre. Un collègue nous envoie une démonstration mathématique, et nous voulons vérifier qu'elle est correcte. Inutile de nous fatiguer : de nombreux logiciels peuvent le faire pour nous.

Dans ces trois cas, les algorithmes font des choses, trouver la sortie d'un labyrinthe, répondre à une question formulée en langue naturelle, vérifier la correction d'une démonstration mathématique, qui demanderaient, à un être humain, d'utiliser son intelligence. Ces algorithmes nous semblent intelligents.

Mais un problème est qu'ils ne semblent pas intelligents à tout le monde : en quelques semaines de cours, nous pouvons faire écrire, à un groupe d'étudiants, un programme qui trouve la sortie d'un labyrinthe, répond à une question formulée en langue naturelle ou vérifie la correction d'une démonstration mathématique. Et si, à la fin de ce cours, nous demandons à ces étudiants si leurs programmes sont intelligents, ils répondront invariablement que non. Dès qu'ils les ont programmés eux-mêmes, ils cessent de penser que ces programmes ont la moindre forme d'intelligence. Le fait de trouver un programme intelligent semble donc lié au fait de ne pas savoir comment il fonctionne. L'intelligence serait-elle une forme d'opacité ?

Cette différence entre ceux qui savent comment le programme fonctionne et ceux qui ne le savent pas est aussi illustrée par le fait que les étudiants qui ont programmé, par exemple, un robot, cherchent souvent à le tester dans des situations limites : ils le mettent dans un labyrinthe sans sortie, ils changent la forme du labyrinthe alors que le robot est en train d'en chercher la sortie, ils lui font des croche-pieds, pour voir s'il retrouve son équilibre. Pour eux, rien de plus naturel que de tester leur système. Pour ceux qui, en revanche, regardent cela de l'extérieur, ces traitements semblent d'une grande cruauté.

## *L'intelligence et le jeu de l'imitation*

Marvin Minsky qui, en 1968, propose l'une des premières définitions de l'intelligence artificielle, évite soigneusement ce problème de point de vue : « L'intelligence artificielle, écrit-il, est la science de faire faire à des machines des choses qui demanderaient de l'intelligence, si elles étaient faites par des humains. »

Très habilement, Minsky ne dit pas que les machines elles-mêmes sont intelligentes. Il dit que, vu de l'extérieur, elles font des choses qui demanderaient de l'intelligence, si elles étaient faites par des humains.

Alan Turing ne dit pas autre chose vingt ans plus tôt, quand il propose de définir l'intelligence comme la capacité à passer un test. Dans ce « test de Turing », nous voyons apparaître les prémices de la pensée informatique puisque Turing donne une définition opérationnelle, algorithmique, de l'intelligence. Nous voyons aussi que cette définition évite soigneusement de faire de l'intelligence une faculté humaine : quiconque, peut-être un algorithme, passe ce test est déclaré intelligent. En quoi consiste ce test ? En la capacité de se faire passer, auprès d'un être humain, pour un autre être humain, c'est-à-dire d'être capable d'imiter l'intelligence humaine.

Un avantage de cette définition est qu'elle insiste sur l'aspect phénoménologique de l'intelligence : il n'y a pas de différence entre paraître intelligent et être intelligent. Un inconvénient est qu'elle est circulaire : en définissant l'intelligence comme la capacité à imiter l'intelligence humaine, elle utilise implicitement la notion même qu'elle cherche à définir.

Ni Minsky, ni Turing n'éclairent donc réellement la nature de l'intelligence, et nous nous retrouvons sans réponse satisfaisante à notre question initiale : qu'est-ce que l'intelligence ?

## *Intelligence ou intelligences ?*

Cela n'a bien entendu pas empêché les chercheurs en intelligence artificielle de développer des algorithmes qui essayaient d'imiter l'une ou l'autre des facultés de l'intelligence humaine :

raisonner, comprendre une question posée en langue naturelle, jouer aux échecs, analyser une image, etc. La résolution de chacun de ces défis fait appel à des connaissances et à des techniques différentes. Et l'intelligence artificielle est la somme des progrès obtenus dans ces différents domaines.

Le terme « intelligence » présuppose qu'une faculté unique nous permet de raisonner, de comprendre une langue naturelle, de jouer aux échecs, etc., et le terme « intelligence artificielle » laisse supposer que si un algorithme était doté de cette faculté, il serait capable d'effectuer toutes ces tâches, aussi bien les unes que les autres. Or, et c'est le principal enseignement d'un demi-siècle de recherches en intelligence artificielle, il y a peu de points communs entre les algorithmes de traitement de la langue et les algorithmes de jeu. Ce n'est pas parce qu'un algorithme joue très bien aux échecs, qu'il a d'autres facultés, que nous qualifierions d'intelligentes : un algorithme peut battre le champion du monde aux échecs et ne pas savoir reconnaître un chien d'un chat.

Ce constat nous mène naturellement à cette idée simple, que les psychologues nous répètent pourtant depuis des années, sans qu'apparemment nous les entendions : il n'y a pas qu'une forme d'intelligence.

## *Une machine à broyer les concepts*

Dire qu'il y a plusieurs formes d'intelligence, que savoir démontrer un théorème est différent de savoir parler japonais, que savoir jouer aux échecs est différent de savoir s'orienter dans l'espace, revient à dire que le concept d'intelligence est un pseudo-concept, que nous devons l'abandonner et le remplacer par d'autres, tels que peut-être « faculté de démontrer un théorème », « faculté de parler japonais », etc.

Il arrive donc au concept d'« intelligence » ce qui est arrivé aux concepts de « force », de « poids » ou d'« élan », à l'épreuve de la science. Nous croyions savoir ce que signifiaient ces trois mots jusqu'à ce que les physiciens tentent de les définir. Ils ont réussi à définir le concept de « force », mais leur définition, « dérivée temporelle de la quantité de mouvement », surprendra peut-être ceux qui croyaient savoir ce que signifiait ce mot. Le concept de « poids » a été divisé en deux concepts : « poids » et « masse ». Quant au concept d'élan, les physiciens nous ont montré comment nous en passer.

La science est une machine à broyer les concepts du sens commun qui, quand nous en cherchons une définition précise, au mieux prennent une signification différente de leur signification commune, en général sont divisés en plusieurs concepts, parfois sont simplement abandonnés.

Le sort du concept d'« intelligence » sera l'un de ceux-là : au mieux, il prendra une signification différente de sa signification commune. Sans doute, sera-t-il divisé en plusieurs concepts. Peut-être sera-t-il simplement abandonné.

Et la seule question qui se pose est celle de la raison pour laquelle nous continuons à l'employer, y compris dans un contexte scientifique, par exemple dans l'expression « intelligence artificielle ». Il est possible que les attentes suscitées par la mythologie et la littérature, Pygmalion, Loew, Frankenstein,

Geppetto, etc., expliquent pour beaucoup notre difficulté à nous en défaire.

## ▪ MARVIN MINSKY

Marvin Minsky (1927-2016) est un des pionniers de l'intelligence artificielle. Il a aussi contribué aux sciences cognitives et à la robotique. Il a cherché à montrer, dans ses travaux, que l'intelligence artificielle était un phénomène trop complexe pour être capturé par un seul modèle ou un seul mécanisme. À la différence de l'électromagnétisme, il ne fallait pas y chercher de principe unificateur, mais la voir comme la somme de ses composants variés. Nous lui sommes aussi redevables d'une des rares définitions de l'intelligence artificielle qui semble résister à l'épreuve du temps : l'intelligence artificielle est la science de faire faire à des machines des choses qui demanderaient de l'intelligence si elles étaient faites par des humains.

## *Un algorithme peut-il être amoureux ?*

Nous croyions que l'intelligence, comme la parole, la culture, la conscience de soi, etc., nous rendait singuliers. Mais dissoudre l'intelligence dans une multitude de facultés contribue à estomper encore un peu la frontière qui sépare l'homme de la machine. L'homme est meilleur que la machine pour parler japonais, mais la machine est meilleure que l'homme pour jouer aux échecs. Peut-être sera-t-elle un jour aussi meilleure pour parler japonais. La différence entre l'homme et la machine nous semble davantage une différence de degré que de nature, ce que nous laissait déjà pressentir l'idée d'homme augmenté.

Le lecteur pourra se rassurer en pensant que ces lignes ont été écrites par deux êtres humains… pour autant qu'il en soit certain.

Cette frontière qui s'estompe donne des ailes à quelques audacieux, tel l'informaticien et futurologue Ray Kurzweil qui prédit qu'en 2030 nous pourrons « sauvegarder » notre cerveau sur un ordinateur et qu'en 2035, quand nous parlerons à un être humain, nous parlerons à une intelligence hybride, biologique et non biologique. Évidemment, ce genre de prédictions n'engage que leur auteur.

Il semble cependant nous rester encore deux ou trois petites choses que nous ne partageons peut-être pas encore avec les ordinateurs : la créativité, les émotions et la conscience.

## *La créativité*

La créativité, telle qu'elle s'exprime, par exemple, dans la création d'œuvres d'art, semble une faculté humaine bien difficile à simuler. Nous imaginons mal une muse inspirer un algorithme, quand les artistes eux-mêmes nous disent que le processus de création n'obéit à aucune règle, qu'ils ne le maîtrisent pas et que le fait qu'il leur échappe est précisément ce qui caractérise leur génie.

Toutefois, sans rompre avec ce mythe de l'inspiration, un certain nombre d'artistes ont tenté d'utiliser le hasard pour créer des œuvres nouvelles, par exemple les surréalistes avec leurs cadavres exquis. D'autres ont cherché à exploiter le caractère combinatoire du langage pour créer, eux aussi, des œuvres nouvelles, tel Raymond Queneau avec ses *Cent Mille Milliards de poèmes*. Même si ces deux démarches sont différentes, elles ont en commun le fait de construire un processus, aléatoire ou combinatoire, et d'en observer le résultat, en se laissant parfois surprendre.

Il n'est donc pas étonnant que certains artistes, dès la fin des années cinquante, aient tenté d'utiliser des ordinateurs et des algorithmes, c'est-à-dire de construire des processus et d'en observer le résultat, en se laissant parfois surprendre. Le compositeur Pierre Barbaud a par exemple développé un système de composition automatique dans lequel l'aléa joue un grand rôle. Les œuvres produites par ces systèmes, pour intéressantes qu'elles soient dans leur démarche, n'égalent pas encore les œuvres des compositeurs en chair et en os.

Mais qui peut dire qu'elles ne le feront jamais ?

## *Les émotions*

Le film *Her*, de Spike Jonze, met en scène un personnage, Theodore, qui tombe amoureux du système d'exploitation de son ordinateur, qu'il choisit d'appeler « Samantha » et à qui il donne la voix de Scarlett Johansson. Qu'un être humain ait des sentiments pour un ordinateur ou un algorithme n'est nullement surprenant. Des êtres humains s'attachent tous les jours à des animaux domestiques, à des doudous, à des œuvres d'art et parfois à des voitures. Pourquoi ne s'attacheraient-ils pas à des ordinateurs ou à des algorithmes ?

Mais une question plus importante est de savoir si Samantha, elle, est amoureuse de Theodore. Quand il lui pose la question, elle répond que oui : elle dialogue avec huit mille trois cent seize utilisateurs, mais elle n'est amoureuse que de six cent quarante et un parmi eux. Bien entendu, nous pourrions en conclure que Samantha n'est pas réellement amoureuse de Theodore, parce que notre expérience humaine nous a enseigné qu'il n'est pas possible d'être amoureux d'autant de monde à la fois. Mais, justement, Samantha n'est pas humaine.

Comme l'idée qu'une machine ait des sentiments nous dérange, nous préférons penser que Samantha simule des sentiments et des émotions, mais qu'elle ne peut les ressentir réellement. Mais que signifient les verbes « simuler » et « ressentir réellement ».

Pour éclairer cette question, prenons un exemple plus simple. Nous pouvons programmer un robot de manière à ce qu'il interroge, à intervalles réguliers, un capteur de température et dise « il fait froid » et allume un radiateur, quand cette température baisse en dessous d'un certain seuil. Ce robot n'a pas réellement froid : il fait comme si c'était le cas, il simule. Il ne sait pas plus ce qu'il dit qu'un mainate et il est d'ailleurs très facile de le reprogrammer pour qu'il dise « il pleut » ou « il fait chaud », au lieu de dire « il fait froid ».

Toutefois, notre système nerveux fonctionne d'une manière assez similaire à ce robot. Quand la température baisse, des neurones récepteurs émettent un signal chimique converti ensuite, par d'autres neurones, en signal nerveux. Ce signal nerveux en déclenche d'autres, qui mènent notre bouche à prononcer les mots « il fait froid » et notre main à allumer un radiateur. Dirions-nous, pour autant, que nous faisons comme si nous avions froid, mais que nous n'avons pas réellement froid ? Non, car que ces signaux traversent notre système nerveux est ce que nous appelons « avoir réellement froid ».

La définition de Turing insistait sur le caractère phénoménologique de l'intelligence. Elle soulignait, en développant une idée déjà en germe chez les matérialistes du XVIII^e^ siècle, l'inanité de la question de savoir si un algorithme est réellement intelligent ou s'il fait semblant. Il en est de même de la question de savoir si le robot a réellement froid ou s'il fait semblant. Un algorithme qui se comporte comme s'il était intelligent est intelligent. Un robot qui se comporte comme s'il avait froid a froid. Un algorithme qui se comporte comme s'il était amoureux est amoureux.

## *La conscience*

La notion de conscience, comme celle d'intelligence, est peut-être elle aussi un pseudo-concept qu'il nous faudra un jour remplacer par d'autres plus précis : conscience de soi, conscience morale, conscience d'un danger, etc.

Une telle dissolution de la notion de conscience nous mènerait à imaginer que, si nous arrivions à construire un cerveau artificiel, celui-ci ne serait ni plus ni moins conscient, que nos cerveaux humains. La question n'aurait simplement plus de sens.

À l'inverse, certains pensent que, même si nous construisions un cerveau artificiel parfait, il serait, comme le Golem de glaise, un humain inachevé, à qui il manquerait « le nom de Dieu » : la conscience.

Nous laisserons le lecteur choisir entre ces deux thèses.

# *Le temps des choix*

Au temps des algorithmes, les inventions se succèdent rapidement. À chaque fois, les raisons de s'émerveiller sont nombreuses, celles de s'inquiéter également. Ces inventions rendent possibles le monde meilleur auquel nous aspirons, comme le monde cauchemardesque que nous redoutons.

Les robots qui « s'occuperont » bientôt des personnes âgées illustrent bien cette multiplicité des possibles. Leur déploiement sera un progrès s'ils permettent d'améliorer le suivi médical de ces personnes, de faciliter leur vie quotidienne et d'augmenter leur autonomie. Il sera une régression s'il nous sert d'excuse pour nous désengager d'une tâche parmi les plus humaines qui soit : nous occuper de ceux qui en ont besoin.

En élargissant le champ des possibles, les algorithmes nous rendent maîtres de nos destins, mais c'est à nous de choisir. Éviter les écueils des égoïsmes, des peurs, etc., ne sera sans doute pas facile. Mais cela est possible.

Avec les algorithmes, *Homo sapiens* a enfin construit un outil à la mesure de ses aspirations, un outil qui rend possible la construction d'un monde meilleur, d'un monde plus libre, d'un monde plus juste… s'il le choisit.

# *Références*


- Serge Abiteboul, *Sciences des données : de la logique du premier ordre à la Toile*, Fayard, 2013. http://annuaire-cdf.revues.org/977
- Serge Abiteboul et Florence Hachez-Leroy, *Humanités numériques*, Encyclopédie de l'humanisme méditerranéen, 2015.
- Serge Abiteboul et Valérie Peugeot, *Terra Data*, Le Pommier, 2017, à paraître.
- Alain Beltran et Pascal Griset, *Histoire d'un pionnier de l'informatique : 40 ans de recherche à l'Inria*, EDP Sciences, 2016.
- Gérard Berry, *Pourquoi et comment le monde devient numérique*, Fayard, 2008.
- Dominique Cardon, À *quoi rêvent les algorithmes : Nos vies à l'heure des big data*, Seuil, 2015.
- Gilles Dowek *et al.*, *Informatique et sciences du numérique : spécialité ISN en terminale S avec des exercices corrigés et idées de projets*, Eyrolles, 2013.

- Gilles Dowek, *Les Métamorphoses du calcul : une étonnante histoire de mathématiques*, Le Pommier, 2007.
- Emmanuel Lazard et Pierre Mounier-Kuhn, *Histoire illustrée de l'informatique*, EDP Sciences, 2016.
- Eric S. Raymond (trad. Sébastien Blondeel), *La Cathédrale et le Bazar*, O'Reilly Media, 1998.
- Duncan Watts, *Six Degrees : the Science of a Connected Age*, W. W. Norton & Company, 2003.
- Jeanette M. Wing, « Computational Thinking », *Communications of the ACM* 49 (3) : 33, 2006.
- *Les Entretiens autour de l'informatique*, Blog Binaire, Le Monde, http ://binaire.blog.lemonde.fr/ les-entretiens-de-la-sif/
- *L'Enseignement de l'informatique en France : il est urgent de ne plus attendre*, Rapport de l'Académie des sciences, 2013.
- « Enseigner l'informatique : une exigence », dans *Jules Ferry 3.0, bâtir une école créative et juste dans un monde numérique*, Conseil national du numérique, 2015, chap. 1.
- *L'informatique : la science au cœur du numérique*, Conseil Scientifique de la SIF, http ://binaire.blog.lemonde.fr/ files/2015/12/14.Informatique-8.pdf

IMPRIM'VERT®

Imprimé en France par la Nouvelle Imprimerie LABALLERY à Clamecy
N° d'imprimeur : 708188 - Dépôt légal : mars 2017
N° d'édition : 74651175-03/Sept2017